『ぼっち起業』で生きていく。

杉本幸雄
ぼっち起業家／
起業コンサルタント

フォレスト出版

●会社で働くのに窮屈さを感じている。
●ぼっち・人見知り・コミュ症と自認しているが、起業したい。
●集団行動するのが苦手、一人で自由に稼ぎたい。
●就職に抵抗感がある学生。
●とにかく自分のペースで仕事がしたい。
●飲み会とかの付き合いが苦手、めんどくさい。
●会議で自分の意見を発言するのが苦手。
●人に指示されたり、管理されて働くのがツラい。
●会社の給料に不満があり、収入を自分で自由に決めたい。
●複数の人といるより、一人でいるほうが好き。
●実際に対面で会ったり、電話で人と話すのが苦手。
●社内政治とか根回しがめんどくさくて仕方がない。
●ライフスタイルや趣味を重視した人生を歩みたい。
●オタク気質がある。

こんな思いや悩みを抱えている人に、ぜひおすすめしたい、
新しい「働き方」「稼ぎ方」「生き方」をご提案します。

はじめに

この本は、一人ぼっち（以下、ぼっち）で陰キャな元ダメ人間の著者が、30年以上の長きにわたる**どん底人生から、起業して執念で這《は》い上がった、人生逆転した考え方とやり方を、誰にでも簡単に実践できるようノウハウ化**したものです。

はじめまして。ぼっち起業家で、起業コンサルタントの杉本幸雄《すぎもとゆきお》と申します。

私は、幼少の頃からいつも〝ぼっち〟でイジメられ、社会人になってからはアルバイトでも派遣スタッフでも正社員でも、どこで働いても長続きせず、正社員としてだけでも転職を10社以上繰り返し、自分のことをなんの取り柄も存在価値もない〝ダメ人間〟だと思っていました。

でも、あるときから**図々しく**、自分本位で空気なんて読まないで**強く生きる**ことにしました。

◉イジメられたくないから、周囲から一目置かれる人間になればいい！

◉雇われても長続きしないから、雇われないで、一人ぼっちで起業して働けばいい!!

◉「陰キャで暗い」と言われたら、それの「何が悪いんだ!?」と居直ればいい!!!

と決意したのです。

陰キャ、ぼっち、人見知り、コミュ症などで、

◉会社を何度も辞めて転職を繰り返している人。

◉会社やアルバイト先、学校で、居心地が悪くて窮屈感を感じている人。

こんな人たちに向けて、**性格は今のまま変えないで、人生逆転の働き方、生き方を提案**しています。

ぼっちで人見知り、陰キャな人の共通点

この本を執筆するにあたり、10代から50代の人見知りや陰キャ、コミュ症の人、30人以上にインタビュー取材をさせていただき、わかったことがあります。

このような性格につながり得る出来事に、例外なくみんな5歳くらいから18歳くらいまでの間に遭遇していたということでした。

そして、その原因は、次の5つに集約できます。

(1) 衣食住に困るほどの貧乏。
(2) 虐待やイジメ。
(3) 成績不振。
(4) 親の過干渉またはネグレクト。

（5）病気、体調不良。

これらの5つの原因は、相互に関連し合っていて、ほとんどの人がこの5つの全部、少なくとも3つ以上が、当てはまっていました。

私はと言えば、5つすべてが該当しており、いわば〝ぼっちで陰キャ〟のサラブレッドです。

小学生の頃は毎日暴力を受け、貧乏で、いつもお腹が空いていました。公園や学校の水道の蛇口から水をお腹いっぱいになるまで飲んで、空腹をしのいでもいました。

空腹は、人間から自尊心やプライドを奪います。

こんな暮らしぶりですから、明るく振る舞える余裕は全然残っておらず、陰キャになっても**仕方なかった**と思います。いつもうつむいていましたし、笑ったり、はしゃいだりした思い出はありません。

うまく話せなくて、ドモッてしまうので、「障がい者」というあだ名を教師から付けられていました。また、ずっと勉強をしたことがなかったので、小学5年生になっても算数の九九も知らなかったほどの元バカでした。

でも、私は「こんなみじめなのは**もう嫌だ！ 人生逆転したい‼ 勝ちたい!!!**」という想いで、11歳頃から猛勉強をスタートさせました。勉強をして知識や情報を得ることは、人生を勝つためにとても大切なことです。貧乏や空腹、成績不振、体調不良からも脱出するための大きな原動力になるからです。それに**勉強すれば、人間関係も〝まとも〟になる**ことがわかりました。

履歴書を書くのもめんどくさいから、仕方なく起業した

私は会社員としての最後の会社もご多分に漏れず、長続きせず、たった1カ月で辞めてしまいました。そして、私は思いました。

もう、履歴書を書くのも面接に行くのもめんどくさいし、たとえまた新たな会社に入ったとしても、またどうせ短期間で辞めてしまうのに、「こんにちは」「初めまして」から始めるのは、本当にやりたくないし、**もうめんどくさいことははなはだしいので、〝仕方なく起業〟して、一人で働くという選択**をしました。

起業することを決めたものの、そのときには、事業内容をまったく決めていませんでした。ただただ、**わずらわしい人間関係から逃げたかった**のと、毎日同じ時刻に同じ場所へ出かけていく、いわゆる**通勤をしたくなかった**というのが、**私の起業の正直なモチベーション**でした。

その後、70日間で、事業内容や方針などのビジネスコンセプトを決めて、法人を設立し、２００万円の種銭で起業しました。

私は、「かかわる人みんなに人生で勝ってほしい」という想いで、コンサルタント業をおよそ20年前から行なっています。ネット通販コンサル事業からスタートさせて、これまで１１０億円以上売り上げ、約８０００人を助けることができました。

電話には100％出なくても、仕事になる、稼げる

起業したら、ルールはすべて自分です。

地味ですが、強い思いで、陽キャな起業家なら絶対にやらないだろうといったものを1つ、実行しました。

それは、名刺に電話番号を書かなかったことです。

電話番号を書かなかったのは効果てきめんで、電話はほとんどかかってきません。今もFacebookやViber経由でかかってきても、**私は頑なに電話には出ません**。失注（受注をし損なう）して売上を損していると思いますが、私はそんなことよりも電話には出たくないのです。電話が嫌いだからです。


だからこそ、**ネット経由での集客**に手間と予算を注ぎました。

結局のところ、No Telephoneでも、ビジネスはなんとかなります。名刺に電話番号が書いていないから、本当に私に興味がある人は検索してブログを探し当てたり、SNSを見つけて、そこからダイレクトメッセージで連絡をもらえました。そして、これは事前には狙っていなかったのですが、電話番号を書いていないコンサルタントとして、「売れっ子でたくさんの仕事があって、お金には困っていない、実力派」というブランディングが自然と浸透していったのはラッキーでした。そしておもしろいもので、受注は着実に増えていきました。

陰キャで人見知り、コミュ症の人に向いている、働き方の新たな選択肢

もちろん、起業してから今まで、私は〝キャラ変〟していません。**ぼっちで陰キャのままです。**

世の中には、特に起業において、陰キャや人見知り、コミュ症に否定的で「そういう性格は変えなさい」というコンテンツや指導がありますが、**私に言わせれば……、「ふざけるな！」「放っておいてくれ！」と思っています。**

でも、こういう性格の本人たちでも、「陰キャやぼっちは良くないことだ」と思い込んで、直したいと悩んだり、劣等感に苛《さいな》まれている人は、普通に多いでしょう。

株式会社ビズヒッツによる調査（２０２１年12月27日～２０２２年1月8日調査）で、

「人見知りの人が、どんな職業に向いているか」があります。ダントツの1位になったのは、「工場・製造（127人）」でした。2位以下は「データ入力（50人）」、3位「事務（49人）」、4位「倉庫・軽作業（47人）」と続きました。

理由は、次のとおりです。

◉向き合うのが人ではなくて機械だから。人と接する時間が少なくて済むから。（30代、男性）

◉報告や指示を出されるとき以外は、まず会話をすることはないので、おすすめです。（30代、男性）

◉経理事務や書類整理。コツコツ・黙々と作業するので、あまりしゃべらなくてもいい。（50代以上、男性）

◉人との対話がかなり限られているため、おすすめできる。（20代、女性）

私も起業する前は、似たような思いがあって、4位までのすべての職業を経験しました。**だから、人見知りの人がこういう仕事を選ぶことは、とても共感できます。**

でも、気づきました。これらは、**ほとんどすべてが低収入の仕事で、やらされる作業ばかりです。**

そこで私は、自分のように起業して一人で働いて、月100万円以上稼ぐ生き方もあることを、お伝えしたいと強く思いました。

もちろん、これらの仕事が悪いわけではありません。

でも、もしあなたがこういう仕事を自分で選んでいるものの、居心地が悪くてストレスを感じていて、もしかしたら「雇われていること自体が苦しい」とか、「もっと稼ぎたい」と思うなら、**「起業する」という選択も検討してほしい**のです。

高校まで登校拒否だった、ある一人の青年の変化

本書を、**ぼっちや陰キャ、人見知り、コミュ症**の人に読んでいただけたら、きっと今の自分を自分で認められるようになるはずです。そして、**自分に「ＹＥＳ！」を出せます。**

つまり、自己重要感や自己肯定感が高まり、主体的に働きたい、生きたいと思うようになります。

現に、高校まで、いわゆる登校拒否の一人の青年がいました。もう何に悩んでいるのかもわからないくらい、精神状態が複雑化していました。

しかし、本書に書いたとおりの働き方、生き方を実践したところ、登校拒否のひきこもりだった彼は、**たった2年で、起業家として年商1000万円を超える**ことができ、家族や同級生、それに教師たちを驚かせました。

彼が一番喜んでいるのは、**オドオドから解放され、マイペースで堂々と生きられるようになった**ことだと言っていました。

「ぼっち起業」の5つの原則

あなたも、次の5原則を守れば、ぼっち起業することができます。

【原則1】 自分の可能性を、自分で否定しない（あなたの最強の応援団は、あなた自身です）。

【原則2】自尊心を持つ（ありのままの自分を、そのまま受け止める）。

【原則3】必要な努力は、するのが当たり前（凹を埋めて、理想的な自分を手に入れよう）。

【原則4】空気なんて読まない（人生で得をするのは、図々しい人）。

【原則5】過去を悔やまない、今を生きる（過去をクヨクヨしない、未来にオドオドしない、今に集中する）。

タレントの美輪明宏さんの言葉です。

「せめて自分ぐらい自分を褒めて認めてあげないと、自分が救われない。自分の味方になれるのは自分だけ」

さあ！　次に勝つのは、あなたです。私はまったく自信がないところから始めました。

自分を大切にしましょう。自分の可能性を信じましょう。あなたの最強の応援団はあなた自身なのですから。

これまでのあなたの人生で起きた嫌だったこと、困ったこと、苦しかったことはすべて、これから逆転していい思いをするための〝伏線〟だと思うことにしませんか？

過去にこだわって、嘆いたり恨んだりしても仕方ありません。何もいいことはありません。

これからいい思いをすることだけに希望を抱いて、今に集中しましょう。そして、勇気を奮い立たせて困難に立ち向かい、思いどおりの理想的な情況を手に入れ、伏線回収をしようじゃありませんか！

もし、あなたが理想的で最高な状態を手に入れたとしたら、あなたはどう思いますか……？

私は、あなたが頑張ることを、心から応援します!!!

第1章

ぼっちは、ひとり起業に向いている

第2章

「ぼっち起業」で成功した人たち

第3章

失敗確率を減らす「ぼっち起業」の準備

第4章

「ぼっち起業」で何をするか？

第5章

「ビジネスライティング力」こそ、ぼっち起業家の売上をつくる

第6章

成功する「ぼっち起業家」のお金と時間の使い方

第7章　最強ぼっち起業家へのドSトレーニング

第8章 ぼっち起業家のやっちゃいけないNGリスト

第9章 明るい未来しかない、ぼっち起業のメリット

装幀◎河南祐介（FANTAGRAPH）
装画◎ネコポンギポンギ
本文デザイン◎二神さやか
編集協力◎潮凪洋介
本文ＤＴＰ◎株式会社キャップス

第1章

ぼっちは、ひとり起業に向いている

会社員失格でも、お金持ちになれば手のひら返し

世間やあなたのことをバカにした奴の手のひらを返させましょう。

私は、会社員が向いていませんでした。組織やルールに馴染《なじ》めず、毎日いつ辞めようかと思いを巡らせていました。ズル休みをする、転職を繰り返すという働き方でしたから、どこで働いても、上司や同僚からの信頼もなく、孤立していました。

しかし、ぼっち起業して、コンサルタント業を始めてからは、自分のキャラや能力を存分に発揮できるようになりました。

4年目にはビジネスが大きく成長し、会社員時代よりもずっと自由で豊かな暮らしを手に入れることができました。

お金の余裕は、自信や魅力にもつながります。見た目もオーラも変わります。着るものや話す言葉にも品格や説得力が出ます。お金に余裕があることは、まわりの人にも伝わります。

お金持ちになると、世間は手のひらを返すものです。「手のひらを返す」とは、以前とはまったく違う態度をとることです。

例えば、面接で不採用になった会社から、私の取引先になりたいと言ってきたことがあります。その面接では、「話し方を変えないと、社会人として、絶対に無理！」と言われたことがありましたが、今では、話し方はそれほど関係ないと理解してくれたようです。

また、高級靴店で見下されたことがありましたが、お金持ちになってから再訪したら、丁寧に接客してくれました。

他にもブログやホームページには、昔、無視された人たちから連絡が来ました。起業家や大企業からも取り引きやアドバイスを求められました。異性からもモテるようになりましたし、昔、私をイジメていた人もすり寄って来ました。

サッカー元日本代表の本田圭佑さんはYouTube配信で、世間の「手のひら返し」について、「本当にレベルが低い話」と語っていました。私もそう思います。

第三者の反応や評価は、結果次第で変わります。それはレベルが低いかもしれませんが、「手のひらを返す」とは、事実を受け入れて素直に反応することでもあります。

だから、私はそれを仕方がないと思いますし、逆に利用しようと発想します。

あなたも世間からの評価を変えてみませんか？

手のひらを返させることを目標にしてみませんか？

ぼっちでも陰キャでも人見知りでも、ブサイクでも、お金に余裕が出てくると、世間はためらいもなく、すぐに手のひらを返します。

ぼっち起業で、**まずは月１００万円稼ぎましょう**。

あなたをバカにしていた人は驚きます。一目置きます。恐れます。尊敬もしますし、異性からモテます。さあ！　人生逆転のチャンスです。

「陰キャでぼっち」の何が悪いの？

「自分のキャラを活かして、できるだけ快適に生きること」が、どんなキャラの人にとっても良いことだと、私は心から信じています。

世の中には、さまざまなキャラクタータイプの人がいます。

外見だけでなく、内面やその他の事情も抱えています。性格や思考、感情や知識、技能や経済状況など、それぞれに違いがあります。

しかし、それらは基本的に何も悪くありません。**自分自身が満足していて、法律に違反していなければ、誰からも否定される理由はありません。**

しかし、学校や会社などの社会では、「陰キャ」や「ぼっち」と呼ばれる人たちに対して思い込みがあります。

彼らは、自分の世界を大切にし、他者とかかわることを苦手、または、回避する傾向があります。そのため、「根暗」「孤独」「寂しい」などのレッテルを貼られますし、挙句の果てには「もっと明るくなれ」「友達をつくれ」「しゃべれ」などと矯正を促されたりもします。そして、その証拠として「人見知りを直す法」とか「陰キャでも上手にコミュニケーションをする法」などの類いの矯正コンテンツが多数存在しています。

「陰キャ・ぼっち＝悪」という大いなる勘違い

しかし、これらは大きな誤解です。

実際には、「陰キャ」や「ぼっち」の人たちは、多くの長所を持っています。

例えば、以下のようなものです。

◉自分の世界観が豊かで独創的である

自分の興味や関心事に没頭し、独自の感性や発想を持っています。芸術や文学、科学や技術など、さまざまな分野で革新的なアイデアや成果を生み出すことができます。

◉集中力や熱中力が高い

自分のやりたいことに集中し、それに打ち込むことができます。目標に向かって努力し、成果を出すことができます。

◉**思慮深い**

自分の考えや感情について、よく思考します。また、他者の立場や気持ちにも配慮し、傷つけないように熟考します。人一倍、言葉や行動にこだわる傾向があります。

これらの特徴は、「陰キャ」や「ぼっち」の人たちだけが持っているわけではありませんが、特に顕著で、しかも、**多くの人から支持や共感を得られています。**

例えば、陰キャや、ぼっちあるあるなどを動画で発信しているYouTuberコスメティック田中さんは、数百万人のファンを持っています。また、ぼっちや陰キャの主人公が活躍するコミック『ぼっち・ざ・ろっく！』（芳文社）、『古見さんは、コミュ症です。』（小学館）も、それぞれ200万部以上売れているのは多くの共感者がいることを意味していると言えるでしょう。

これらの事例からわかるように、**「陰キャ」や「ぼっち」は決して「悪」や「劣」ではありませんし、珍しい存在でもありません。**むしろ、「良い」や「優れている」と言える部分がたくさんあります。

「ぼっち・陰キャ」を「直す」のではなく「活かす」

それは、「陽キャ」や「パリピ」と呼ばれる人たちと同じです。彼らも自分の長所を持っていますし、それを活かして楽しく生きています。彼らと「陰キャ」や「ぼっち」の人たちは、感性や出力の仕方に違いがあるだけで、どちらが良くてどちらが悪いというわけではないのです。

しかし、残念ながら、「陰キャ」や「ぼっち」の人たちは、自分でも自分を否定したり、他者から否定されたりすることが多いのです。それは、「ぼっちや陰キャ＝悪・劣」という思い込みや固定観念が本人も含めて多くの人々にあるからです。

しかし、これは大きな間違いです。

「悪い人」や「劣っている人」は、どんな外見の人にも、どんな内面の人にも、それに、どんな経済状況の人にも存在し得ます。

だから、**ぼっちや陰キャは、無理してそれ自体を直す必要はありませんし、誰かに**

直されるものでもありません。おおいにぼっちや陰キャを活かす、楽しむ生き方を選択してほしいと思います。

若者の3人に1人は、自分はコミュ症だと自認!?

今や、コミュ症や人見知り、ぼっちは、社会や市場から切り捨てられるような少数派の端数ではありません。

mediageneが運営するニュースサイト「Sirabee（しらべぇ）」が全国の20代から60代までの男女に「自分をコミュ障」と思っているかの調査をしました。

その結果、全体で平均33・3％の人が、20代で41・0％、30代では38・0％の人が「自分をコミュニケーションが苦手なコミュ障」だと思っているということが判明しました。その他にも、クラシエ社が発表した「大人の人見知り」に関する意識・実態調査によると、20〜40代の男女28％が自分を「人見知り」だと回答したということです。

さらに、私たちぼっちに心強い調査結果の目白押しです。

日本の頭脳とも言うべき野村総合研究所（ＮＲＩ）によって、3年おきに実施されている「生活者1万人アンケート」（２０１７年）のリポートによると、一人行動をポジティブに捉える人が多数派で、「他人と一緒より一人行動のほうが好き」の割合が3分の2。男性の20代と30代、女性の30代と40代では、行動するときは、誰かと一緒よりも「一人行動のほうが好き」という結果が判明しています。


50年間以上、コミュ症やぼっちで生きてきた私だからこそ知っていることがあります。それは、**「こういう数字に登場しない人がいる」**ということです。彼らは無理して他人に合わせたり、頑張って演じる、恥ずかしいと思って正直な回答ができない、そういう隠れコミュ症や隠れぼっちがいることを。

私の周囲は、ぼっちやコミュ症、陰キャの起業家だらけです。

スマホをいつもサイレントにしているとか、一人でツーリングや食事、映画、野球観戦をしている人たちばかりです。ビジネスがうまくいっている起業家で、社交的な人、気さくな人、本質的に陽キャな人はほとんどいないかもしれません。

コミュ症やぼっち、陰キャを自認している人は、どうか**「自分を圧倒的少数派で、マイナーな存在だ」と間違った思い込みをしないようにしてください**。明るい人、おもしろい人だけが評価される時代は、とっくに終わっているのですから。

給与をもらっている限り、イライラや不安は尽きない

「給与をもらっている」とは、会社員であれ、アルバイトや派遣スタッフであれ、誰かに雇われて、つまり、労働者として働いて賃金を支給されているポジションにいる人のことです。

その多くの人は、「雇われている生き方は、自分の人生に大きく影響する部分を、会社や上司という他人に委ねてしまっている」ことに自覚が足りません。

雇われて稼ぐ行為は、自分の時間や能力を会社に売っているのと同じです。その代わりに、給料や福利厚生を得ることができますが、この稼ぎ方がすべての人に向いて

いるというわけではありません。

なぜなら、雇われている間、不安やイライラが尽きない人たちがいるからです。それは、ぼっちやコミュ症の人たちを指します。

不安になるのは、

「自分がどれくらい会社に必要とされているか」

「いつまで安定した収入を得られるか」

「会社の人たちに何と思われているか」

などです。

イライラするのは、

「人間関係やルールに縛られること」

「自分の意見や感情を抑えること」

「自分のやり方やペースが認められないこと」

などです。

例えば私は、何回も何回も退職を繰り返していたので、せっかく就職したとしても
「また、辞めたくなるんだろうな」「今回はいつまで続けられるのか」「今日辞めたら、

生活費はいつまでの分があるのだろう……」と、自分に対して疑心暗鬼で、いつも不安でたまらない状況でした。長く働く自信もなかったですし、全然イメージできませんでしたから、通勤定期券をほとんど買わなかったほどです。また、その頃の私は、自分のペースで仕事を進行できないことに、よくイライラしていました。稟議《りんぎ》書の決裁がすぐに下りないことや、業務の本質とは無関係な自分のデスクまわりの整理整頓を命じられたときなんかには、本当に閉そく感や反発心を募らせていました。

「雇われないで、ぼっち起業する」という選択肢とメリット

これらの不安やイライラは、会社で雇われている限りは避けられません。

でも、あなたは、過度な我慢をしてまで雇われる稼ぎ方に固執する必要はありません。雇われない生き方、稼ぎ方を選ぶことを自由に選択できます。

雇われないで、ぼっち起業する選択で、**自分の人生を自分だけでコントロールする**ことができます。

自分の人生は、自己操縦するほうが納得できるというものではないでしょうか？不安定で凸凹している荒れた道を進むとき、あなたは自分で運転する車か、他人が運転する車、どちらに乗りたいでしょうか？

雇われないでぼっち起業する場合、不安やイライラはどうなるかについても言及しておきます。

そこで不安になるのは、自分が売り上げられるかどうかが大半だと思います。ですが、それは自分のスキルや価値を高めることで解決できます。

また、自分の得意や好きを仕事に選ぶので、必要な努力は必要だからやるので、意味もわからなく、やらされているのではありません。やりがいだけでなく、充実感や生きがいさえも感じられます。

イライラするのは、イライラしない相手だけを選んで取り引きすればいいですし、ペースは自分の思うまま自由自在です。

自分の意見や感情を表現することも自由ですし、他人がつくったルールに縛られることや、くだらない上下関係に気を遣う必要もなくなります。

起業すると、人間関係なんかでは悩まなくなります。なぜなら、それは売上や収入

メリットがいっぱい！
「ぼっち起業」の主な特長

◎マイルール ＆ マイペースが当たり前

◎いつも一人行動が基本

◎自宅が仕事場。布団の中で仕事もできる

◎通勤しないで済むので、移動のムダ（経済的コスト・時間的コスト）がない

◎誰からも管理されない、縛られない

◎ネット社会万歳！！！　ネット社会のおかげでできる

◎めんどくさい報連相は、お金をくれる顧客にだけすればいい

◎仕事の能力が正当に評価される。社内政治がない

◎収入は自分で決められる、自分の頑張り次第で無限の天井知らず

◎無理に話さなくてもよくなる

◎電話には出ないと決められる

◎嫌な相手とはかかわらなくても OK

……and more ！

に直結しない些細《ささい》なもので、本当に、つまらないことだからです。

つまり、雇われない生き方、稼ぎ方を選ぶことで、不安やイライラを減らし、自分の人生をより豊かにすることができます。

むしろ「即レス・即行動しない」のが、コミュ症の強み

即レスや即行動は、仕事や人間関係において必要なスキルだと思われがちです。しかし、実際にはそうではなく、場合によっては逆効果になることもあります。

特にコミュ症の人は、即レスや即行動をしないことで、自分の強みを発揮できる可能性があります。

コミュ症の人は、よく考える傾向があります。相手の言葉や態度に敏感で、自分の言動にも注意を払います。

私もそうですが、すぐに返答したり行動したりすることに不安や拒絶を感じます。

しかし、これは悪いことではなく、むしろ良いことです。

なぜなら、即レスや即行動をすると、以下のような問題が起こりやすいからです。

◉状況を正しく把握できない。
◉誤解をもとにした判断をする。
◉変更ややり直しが頻発する。

これらの問題は、仕事の効率や品質を低下させたり、人間関係において信頼や協力を失ったりすることにつながります。

例えば、相手の要求にすぐに応えようとして、自分の能力や時間を過大評価したり、相手の感情や意図を読み違えたりすることがあります。そして、これらが原因となって、相手をがっかりさせたり、相手と対立したり、いがみ合いになる可能性さえもあります。

私は、約20年間のコンサルタント業において、即レスや即行動を指導したことは一度もありません。**むしろ、「即レスは禁止！」**と指導してきました。その結果、多くの成功者を育てることができました。

中には、「杉本先生に教わってから無駄なやりとりが激減しました。凡ミスもストレスもなくなりました。人生が変わりました」と感謝してくれた新宿区でマーケティング会社を起業したぼっち経営者もいらっしゃいました。

映画『トップガン マーヴェリック』の中で「Don't think, just do.」というセリフがありました。「ごちゃごちゃ考えないで行動しろ」という意味ですが、これは基礎知識が備わっていて、一定程度以上の経験を積み重ねている人に限ったことではないかと、私は思慮しています。

「即レス&即行動しない」メリット

即レスや即行動をしないことは、以下のようなメリットがあります。

- ◉状況を正しく把握できる。
- ◉より適切な判断が可能になる。
- ◉変更ややり直しが起きない。

◉コスト抑制。

◉ストレス軽減。


これらの利点は、仕事の生産性向上や人間関係において大きな価値を生み出します。

例えば、相手のリクエストに対して適切な期限や条件を正しく提示できたり、相手の意図や感情を正確に理解して対応することにつなげられます。

変更や間違い、やり直しがないことは、結局のところ、金銭コストも時間コストも優位に作用します。また、イライラがないスムーズな進行によって、頼りにされたり一目置かれる評価も得られます。

どうしても即レス&即行動が必要なときの対処法

もちろん、即レスや即行動が必要な場合もあります。

その場合は、最低限の返答や行動と共に、自分の現状の考えや事情を相手に伝えることが大切です。

例えば、こんな感じです。

「今は手一杯なので、明日17時までに返答します」

「この件は慎重に検討したいです。特に○○については、××さんはどのようなご意見ですか?」

これによって、相手はあなたの真剣さや配慮を感じることができますし、何よりあなたは自分のペースを守ることができ、焦りや不安を感じなくて済みます。

コミュ症の人は、即レスや即行動をしないことで、自分の強みを発揮し、良い結果を導くことができます。

「即レスせよ」や「即行動が正義」という考え方は、一部分で一般化された行動指針であり、個人差や状況によって変わるものです。自分の負担や能力を理解し、**自分に合ったコミュニケーション法を主体的に、勇気をもって選択、実践する**ことが大切です。

私は、むやみに即レスしません。そして、相手に即レスも求めません。秒速で急ぐ必要がある場面など、ほとんどないことを知っているからです。

マイルール&マイペース好きなら、「ぼっち起業」

私は本書の執筆に際して、30人以上のぼっち起業家にインタビューを行ないました。その中で共通して見受けられたのが、彼らが**「マイペース」と「マイルール」を大切にしている**ということです。

これは、**ぼっちや陰キャの人々にとって、生き方の基本**であり、最優先すべき価値観です。

ぼっちや陰キャの人々は、他人がつくったルールや慣習に縛られることを嫌います。自分の考えや感覚に従って行動したいと願っています。

他人からの評価や指示よりも、自分の信念や目標を重視します。自分のペースで仕事を進めたいと思っています。そういう人々にとって、コントロールされる、いわゆる雇われて働くことは苦痛でしかありません。

自分の能力や時間を他人に奪われることを許せません。だからこそ、ひとり起業、すなわち、**ぼっち起業が最適な選択肢**なのです。

ぼっちの「マイペース」の定義

マイペースとは、「のんびり」という意味では決してありません。他者のペースにわざわざ合わせるのではなく、**自分がやりたいようにやるという進み方**です。

ぼっちの人たちは、「同僚が残業をしているから、自分も残業をする」とか、「みんなが飲み会に行くから、自分も渋々参加する」というようなことが苦手です。というか、できません。

例えば、税務会計事務所をぼっち起業したSさんは、起業する前は別の税理士事務所に雇われて働いていました。他のスタッフももちろん、適度な残業をしていましたが、彼女は度々近くのビジネスホテルを自腹で取り、17時間労働に勤しみました。

誰からも強制されていません。これがSさんのマイペースということです。

また、私はこれまで、自分のための歓迎会にさえ、参加しなかったこともあります。

これらは、到底、組織からは喜ばれませんし、許容されることではありません。

私たちのような存在は、組織としては厄介者で、困ったちゃんなんだと思います。

自分のペースで働きたい、生きたい、ルールは自分で決めたい、というだけなのですが……。

「ぼっち起業」に生じる、さまざまなメリット

ぼっち起業をすると、自分の24時間の使い道は、自分だけで決められます。

私は、取引先との約束をする場合、自分にとって都合が良い時刻や場所などを提案しています。

コントロールされるのは嫌なのですが、自分は他者をコントロールします。なぜなら、**世の中はコントロールする人とコントロールされる人しかいない**からです。

あなたがどちらの「側」に回るかは、あなた次第なのです。

ぼっち起業には、多くのメリットがあります。

自分の時間やリソースを自由に使えます。自分のルールでビジネスを構築できます。何を売るか、いくらで売るか、誰に売るか、それに誰には売らないかも自分が主体的に、独善的に決めることが可能です。自分の選択に集中できます。**誰にも干渉されない自由な働き方**を実現できます。


もちろん、注意点もあります。

自分ですべてを決めて行なう責任があります。失敗したら、それはあなたの責任ですし、リスクもあなたが自分で背負います。

襲われる不安感は、誰かの助けを求めてももちろん良いのですが、最終的には自分が主体的に工夫して突破しなければなりません。


しかし、ぼっち起業家は、それらのデメリットを乗り越える力を持っています。

自己責任と自責思考で物事に向き合い、時には闘います。言い訳をしないで、常に

基本的にすべて自分で決められる「ぼっち起業」は、こんな人におすすめ

◎会社で働くのに窮屈さを感じている人

◎ぼっち・人見知り・コミュ症と自認しているが、起業したい人

◎集団行動するのが苦手、一人で自由に稼ぎたい

◎就職に抵抗感がある学生

◎とにかく自分のペースで仕事がしたい人

◎飲み会とかの付き合いが苦手な人、めんどうくさい

◎会議で自分の意見を発言するのが苦手な人

◎人に指示されたり、管理されて働くのがツラい人

◎会社の給料に不満があり、収入を自分で自由に決めたい人

◎自分で一日の過ごし方を自由に決めたい人

◎複数の人といるより、一人でいるほうが好きな人

◎実際に対面で会ったり、電話で人と話すのが苦手な人

◎社内政治とか根回しがめんどくさくて仕方がない人

◎ライフスタイルや趣味を重視した人生を歩みたい人

◎オタク気質のある人

◎まわりの反応を気にしすぎる人

……and more！

改善しなくてはいけません。

自分の強みも弱みも客観的に受け入れます。なぜなら、すべてが、自分のためになるからです。

もし何度も仕事を替えていたり、どこで勤めても長続きしない場合、その原因は、あなたに合う職場が見つからないからかもしれません。私がそうであったように、**雇われること自体が合わない**のかもしれません。その場合には、起業して、一人で働くという仕事の仕方、生き方のほうが合うのかもしれません。

ネット社会は、ぼっちでコミュ症の味方

私は27歳の頃から、インターネットを仕事でもプライベートでも積極的に使い始めました。当時はまだスマホはなく、ガラケーしかない時代でしたが、インターネットは、私の人生に大きな変化をもたらしました。とっても気分を楽にしてくれました。

「eメール」は、特に私を助けてくれました。電話が大嫌いな私にとって、話す必要がなく、非同期で相手とタイミングを合わせる必要もないメールで連絡できるのはと

ても楽でした。

私は今でも電話を99・999%使いません。

仕事やプライベートのコミュニケーションは、スマホのメッセージアプリやオンラインミーティングのツールを利用しています。Facebookメッセンジャーや Viber、LINEやZOOMやTeamsなどです。

私は最近しばしば、自分と同じようにぼっちやコミュ症の方から受ける質問があります。

「陰キャでコミュ症だとおっしゃっているのに、TikTokでは上手にすらすら話されていますね。無理をしているのですか、それともコミュ症は嘘なのですか？」

答えは明解ですから、納得してもらえると思います。

「カメラに向かって話しているだけなんですよ。目の前に人がいるわけではないので、緊張しません。だから話せるんですよ。しかも、どもったり、話が迷走した部分は編集していますから」

だから、ぼっちやコミュ症の方でもeメールやメッセージアプリ、TikTokやYouTubeなどの動画アプリなどを使って、お金を稼ぐためのマーケティングやセールスをすることができるのです。**実際に会わなくても、電話をしなくても、ネットをうまく使えば稼げますし、**ストレスフリーで生きていけます。

ネット社会は、「ぼっち」の不利を消去してくれる

さて、ぼっちやコミュ症の方は、スターバックスに行くのが苦手ではないでしょうか。私は苦手です。店員さんが笑顔でガンガン話しかけてきたり、注文のオプションやカスタムがわかりにくかったりするからです。

ラーメン二郎なども行きたいと思ってもなかなか行けません。注文の仕方が私には

難解だからです。食券を購入するにもかかわらず、「ヤサイマシマシ、アブラマシマシ」などの何だか呪文《じゅもん》のようなコールが必要というのが、自分の心に圧迫感を与えるからです。

しかし、最近は声を出さなくていいサイレント注文できるお店が増えてきています。すき家やバーガーキング、多くのファーストフードやファミレスもそうです。店員さんを呼ぶタイミングや声量に気を遣って、神経をすり減らす必要がありません。タッチパネルで自由自在に注文できるのでストレスフリーです。

ビジネスでも例えば、ネットショップなら、お客さんとどうでもいい天気の話や余計な世間話をしなくて済みますし、コンサルティングもZOOMなら用件だけで時間内にテキパキと終えられます。クライアントのお茶代を負担する必要もなくなりますし、往復の移動時間も不要になります。

つまり、ネット社会は、話さなくてもいい、人混みに出かけなくても済む、タイミングやペースを自分で決められるし、交通費やお茶代も節約できる点で、ぼっちやコミュ症、人見知り、出不精の人にとって不利な点を補ってくれるすばらしい環境というわけです。

話したくない、話すのが苦手、人見知りで人混みに行くのが嫌だという方は、インターネット、パソコン、スマホを上手に活用しましょう。そうすれば、不便も不利益も問題なく解決できてしまいますから。

イーロン・マスクも、ぼっちだった

X社（旧Twitter）やテスラ社などで有名な起業家イーロン・マスク（Elon Reeve Musk）氏は、人見知りで孤独な少年時代を過ごしました。

『イーロン・マスク未来を創る男』（アシュリー・バンス、斎藤栄一郎訳、講談社）によると、マスク氏は学校でひどいイジメに遭い、何度も転校を余儀なくされました。イジメのせいで手術が必要なくらいの大ケガをしたこともありました。マスク氏の同級生は「マスクは親しい友人がいない孤独な少年だった」と証言しています。

私も幼少期からイジメられてきました。悪口や暴力はもちろんのこと、物を隠されたり、服を着たままプールに落とされたり、トイレに行かせてもらえなかったりしました。私はイジメられながらも、イジメっ子や周囲の同級生や教師たちの様子を観察していました。救ってくれる人は誰もいませんでしたが、私はこれが社会だと理解していました。だから、自分で自分を守る戦術を考えて、2、3年に一度くらいのタイミングで大胆な反撃をして、周囲をドン引きさせていました。

友達がいなかったマスク氏は、プログラミングのスキルを身につけ、一日10時間も読書に夢中になっていたらしいです。私はといえば、毎日が「敵」との闘いだったので、洞察力と戦略立案の思考力が強化されたのは間違いありません。

マスク氏の過去を知らない人は、彼を陽キャで話し上手な人だと思っているでしょう。でも、そうではありません。彼は人前で話すことが苦手で、プレゼンテーションでは、スティーブ・ジョブズ氏のようには言葉が滑らかに出てきません。

それは私も同じです。話し始めるときに吃音を伴ったり、「あのー」「えーっと」のような無意味で不要な〝フィラー〟をよく発してしまいます。

私は〝フィラー〟や緊張感を減らすために、発言する前に簡単なメモをつくることをしています。仕事のコンサルティングやミーティングでも、相手に伝えたいことを箇条書きにして準備をしています。

マスク氏以外にも、**人見知りを自称、またはそう言われている経営者はたくさんいます。**（敬称略）

◉マーク・ザッカーバーグ

Facebookの創業者でCEO。彼は2010年のインタビューで自分が「イントロバート（内向的）」だと言っており、大学時代には友人との交流も少なく、自分の部屋でコードを書いていました。

◉マリッサ・メイヤー

Yahoo!の元CEOで、Googleの元副社長です。彼女は人見知りで話すことが苦手、内向的だと認めています。Googleで働いていたとき、イベントやパーティにはあまり参加せず、自室でコードを書いていたという話があります。

◉孫正義

ソフトバンクグループの創業者で会長兼CEO。移民の家庭に生まれ、日本でひどい差別やイジメに遭いました。グループのある幹部は、そのためか「孫さんは意外に人見知りで、これと決めた人以外に仕事を任せない」と発言しています。彼は自分のビジョンを実現するために、常にリスクを取って果敢に挑戦し続けています。

◉永守重信

日本電産の創業者で会長。彼は、自分のことを雑誌のインタビューで「人見知りの極み」と言っており、人前で話すことが苦手です。しかし、自分の技術力と経営力に絶対の自信を持っていました。また、「ちょっと変わった人間が世の中にないものを生み出している」と異端を認める社会を望んでいました。

◉藤田晋

サイバーエージェント代表取締役社長。２０００年に史上最年少社長として東証マザーズに上場しました。「そもそも私はテンションは低めだし、人見知りするし、口数も少ないし、緊張するし。ぼそぼそしゃべるし……」とアメブロで綴《つづ》っています。著書『仕事が麻雀で麻雀が仕事』（竹書房）で、麻雀で言い訳をしない、何が起きても自分のせいという姿勢を学んだと述べ、ビジネスに役立つ、ここぞというところで、大胆な勝負に打って出られる勝負強さを麻雀から学んだと言います。

いかがでしたか？

ぼっちや陰キャ、友達がいなくても、話が下手でも、起業して成功者になれることを、なんとなくでもわかっていただけたら幸いです。**クラスの人気者だった人だけが、大人になっても活躍するわけではない**ということです。ぼっちでも逆転できます！

ぼっち起業家の10年継続率は、ほぼ100％の衝撃

起業（開業）すること自体は、誰にでもできる簡単なことです。なぜなら、個人事業主なら税務署に開業届を書いて提出するだけですし、法人なら20万円くらい用意できれば、司法書士か、行政書士の先生に法人設立を依頼すると、誰にでも1カ月後に

個人事業者の約3分の1は、1年持たずに廃業！

生存率	個人事業主	法　人
開業1年経過2年目	62.3%	79.6%
4年経過5年目	25.6%	52.7%
9年経過10年目	11.6%	35.9%

◆中小企業庁データより算出

は〝形式〟的起業が実現できてしまいます。

難しいのは、起業してから継続して生存していくことです。

起業してからの経過年ごとの生存率には、事業規模や業種、その他算出方法などにより諸説ありますが、ここでは中小企業診断士の磯島裕樹氏が算出したデータをご覧ください。

心に留めてほしいことは、細かな数値ではありません。そうではなくて、起業してビジネスを存続していくことは「誰にでも簡単ではない」ということです。

個人事業では開業1年後の生存率は62・3%、約3分の1は1年持たずに廃業していることになります。10年後には生存率

11・6％、9割が廃業しています。法人では、約2割が2年目まで持たず、10年生存率は35・9％で約3分の2がそれまでに廃業してしまっています。

この数値を紹介した意図は、あなたを怖がらせることではありません。むしろ、その逆です。

ぼっちや陰キャの起業家の10年生存率はなんと100％です！

無論、これは私の周囲に限った話です。

内向的だとか、人見知りの性格が起業に向いていないとは言えません。

例えば、起業して14年のECコンサルタントの彼は、いつも弱気で臆病な態度です。そして、起業して18年になる起業家コンサルタントは、学歴コンプレックスの塊のような人で、大勢と接触するイベントはもちろんのこと、出演すればブランディングと集客に効果があるテレビの情報バラエティー番組からのオファーも断っています。さらに、起業して10年目を迎えたファイナンシャルプランナーは、時折、取引先はもちろんですし、従業員からの連絡もシャットアウトする癖《くせ》があって、音信不通になってしまう人です。

このちょっと非常識にも思えるぼっち3人がうまく経営を持続できた**性格的な特徴**

の共通点は、次の5つが考えられます。

①一人で黙々と仕事に取り組むことが得意で、集中力が高い。
②客観的に物事を分析したり、整理する能力がある。
③質の高い仕事や提案をすることで、クライアントから信頼されている。
④自分のペースで仕事を進めることができる。
⑤創造性や独創性が豊かで、トレンドを追いかけるのではなく、市場のニーズに応えるサービスを生み出すことができる。

いかがでしたか？

あなたにも当てはまる特徴があるのではないでしょうか？

次の第2章では、実際にぼっちや陰キャ、コミュ症などの人で起業して成功した事例をご紹介します。ユニークな人ばかりですよ。

第2章

「ぼっち起業」で成功した人たち

ブラック取引先から人格攻撃で即退社。パチスロ資金を運転資金にして億万長者に

――成功ぼっち起業家①

この章では、陰キャや人見知り、コミュ症な人が、ぼっち起業をして成功した事例を紹介します。成功者10人による成功レポートです。

私は貧乏出身、ぼっちで陰キャでした。地方の私立大学在学中から資本主義の仕組みや経営について熱心に学びを深めました。

それはすべて、貧乏から完全に脱出するためでした。

大学を出て地元の企業に就職しましたが、半年で退職。理由は、自分の明るい未来を1ミリもイメージできなかったからです。

これは、会社に雇われて働いていると、誰でも簡単に想像できることですよね。最高でもその会社の社長以上にはほとんどなれません。社長よりも収入が高い社員は99%いません。もちろん、収入だけではなく、教養や品性のようなものも、近しい人た

ちから強く影響を受けます。

ある日、私は業務上のことではなく、自分の人間性の部分について、取引先から激しく批判を受けると、この仕事での自分の未来に心底がっかりして、落ち込み、即退職しました。その後、最初は地元で起業しました。

起業当初は、加盟金や仕入代金が不必要な代理店販売業を始めました。常識をわきまえておらず、突然、自分のタイミングで好き勝手に「その商品を売らせてほしい」と乗り込んで、追い出されたり、激怒されたこともありました。

ある程度うまくいってから、大学生時代から得意としていたパチスロで事業資金をつくって、一人で上京。本拠地を東京に移しました。ウィークリーマンションに寝泊まりしながら、いったいどんなビジネスをするのがいいかの情報収集を始めました。

そうこうしているうちに、**取引先や多くの商談相手とのメールのやりとりが〝めんどくさく〟なったことをヒント**に、自動コミュニケーションツールを開発しました。

当時、他社は大企業向けのもので導入に数百万円、月30万円程度かかるメールサービスしかありませんでした。私が開発したツールのターゲットは、起業家や中小企業向けとして初期費用1万円、月額3000円台に設定したところ大好評。当時、斬新《ざんしん》だったアフィリエイトを活用した集客法で、販売は大成功しました。

ユーザー数は現在約2万件です。とにかく、私はぼっちで頑張りました。お金には非常に厳格です。

登校拒否のひきこもりが、ECで月100万円——成功ぼっち起業家②

私は、お金持ちの家庭に生まれましたが、中学から登校拒否になりました。学校に行かず、家で本を読んだり、ネットサーフィンをしたりするのが日課でした。

ある日、珍しいタイトルの本に出会いました。それは『魔術師が教える！ど根性で110億円売った、片手間では絶対成功しないネット通販』（金園社）という本でした。

私がビビッときたのは、「ど根性で」というフレーズでした。精神論がバカにされたり、否定されている中、私は今の状態から抜け出すには、**結局のところ、自分の心**

持ちを切り替え、根性で頑張るしかないと自覚していました。ずっとひきこもっていると、何に悩んでいるのか、何が気に入らないのかが複雑になりすぎて、もうわからなくなっていました。

そんなとき、心機一転してネットマーケティングを勉強することにしました。父親からの協力を得られて、コンサルタントの先生にも教わり、最初は毎日10時間以上ネットマーケティングの勉強に打ち込みました。もう何年間も毎日12時間以上、本を読んだり、ネットサーフィンをしたりしていたので、基礎教養の素地があったのかもしれません。

体系的にネットマーケティングを学ぶと、みるみるうちに習得できました。そして、何とか高校を卒業してから、ダイエットサプリなどのネット通販ショップを開業しました。

広告戦略が当たって、月100万円の売上は4カ月目に達成し、黒字転換は2年目に果たしました。

私の成功は、**タイミング良く人生を動かしてくれる本**と出会ったことがきっかけです。大きかったのは、**両親とコミュニケーションして賛同を得た**ことです。そして、何より具体的な努力をしたからです。父親から借りた200万円は3年間で完済しました。現在はSNSコンサルとして活躍しています。

陰キャなのにR社の営業に。Uターンしてコーヒー店開業コンサルに

——成功ぼっち起業家③

私はコーヒー店開業コンサルタントです。

物静かで、強い意志を持っています。強情だと言われることもあります。意味がわからないことが大嫌いです。

首都圏の私立大学を卒業した後、数社の会社を転々としましたが、どこも長続きしませんでした。

最後に就職したのは、広告営業で有名なR社でした。契約社員として働いていましたが、生活費を稼ぐために仕方なく選んだ仕事でした。ノルマはいつも達成していましたが、自分のやりたいこととはほど遠い仕事でした。売りたくもない広告を売っていると、次第に虚無感に苛まれるようになりました。

そんなとき、地元に帰ってコーヒー店を開業するという夢を思い出しました。借金をしてでも自分のやりたいことをやろうと決心し、地元にUターンしました。

コーヒー店を開業したときは不安でいっぱいでしたが、開店以来、単月黒字を続けることができました。2年目には、コーヒー店開業コンサル事業もスタート。黒字が続いて余裕ができても、お酒や女、車や時計などに無駄遣いすることはありませんでした。私は陰キャでぼっちなので、そういうものに興味がなかったことも功を奏したのかもしれません。

起業して失敗しないためには、「支出を抑えることが大切だ」と常に意識していました。現在は、コーヒー店を3店舗経営しています。新規開店のコンサル事業も好調に推移しています。私は自分のやりたいことをやって、成功したと思っています。

コミュ症が、顔出しゼロのメルマガ営業で売上3200万円
――成功ぼっち起業家④

私は偏屈なぼっちです。Fラン大学中退です。うつ病で、ほとんど授業に出られま

せんでした。

中退した後は時給860円のアルバイトを数年続けましたが、正社員になりたいと思い、就職活動を始めました。しかし、50社以上の企業から不採用の通知を受け、就職をあきらめました。仕方なく起業することにしましたが、何をすればいいかわかりませんでした。そんなとき、セミナーで知り合ったコンサルタントの先生に助けてもらいました。

この先生とは相性が良く、**彼の言うことをすべて実践するようにしました**。

最初に学んだのは、マーケティングの基礎です。特にランチェスター経営戦略や、マイケル・ポーターの『競争の戦略』という本を参考にして、自分のビジネスモデルを具体化しました。

そして、私はメールマガジンを始めました。内容は、薬事法(現：医薬品医療機器等法律)と健康食品や化粧品について。この先生からの提案でした。テーマを絞ることで、興味のある読者だけを集めました。

メールマガジンの目的は、「健康食品や化粧品に特化したネット通販成功マニュアル」を販売することでした。このマニュアルは、メルマガ配信前にテキストで作成していました。Ａ４サイズでプリントアウトすると、約４７０枚にもなる膨大な量でした。内容は、マインドセットから始まって、商品企画、マーケティング、資金繰り、広告戦略、ショッピングサイト制作、受発注管理、梱包《こんぽう》など、ネット通販を成功させるために必要なすべてでした。

メールマガジンでは、このマニュアルについていっさいセールスしませんでした。これも先生からの指導です。

しかし、４カ月目に、読者の歯科医師から「先生（私のこと）、そろそろ何か買わせてもらえませんか？」というメッセージが入りました。それをきっかけに、セールスを開始しました。マニュアルの価格は40万円（税別）にしました。理由は、マニュアルを作成するのに４カ月かかったので、４カ月分のバイト代くらいはほしいと思ったからです。メルマガ会員は２００人ほどでしたが、80人もの人がマニュアルを購入してくれました。**結果的に３２００万円の売上を得ることができました。**ずっと、メルマガとメールだけでやりとりして、**顔を見せたことは一度もありません。**もちろん、**電話でも話していません。**

私が成功できたのは、ターゲティングとセグメンテーションのおかげです。そして、セールスのタイミングも良かったと思います。ニッチな分野で、知的欲求が強くて、購買力が高い人たちだけが読者になっていたのが幸いしました。さらに、マニュアルの内容を充実させて、値頃感を感じさせることができました。もちろん、**メルマガを濃い内容で一度も怠らず、信用を得ることができた**のも大きな要因です。

なお、メールマガジンはオワコンだと思っている人も多いかもしれませんが、やり方次第で効果的な集客方法です。世間一般でオワコンでも、自分のビジネスには関係ありません。それはリストの収集の仕方次第だからです。

なんとなく就職した大手を2年後にプッツン退社。アフィリで給料の2倍稼いで指導者に——成功ぼっち起業家⑤

私はアフィリエイトが得意です。

私は怒ったことがないと言っても過言ではありません。穏やかで物静かな性格です。スポーツ推薦で入った東京の大学を卒業し、上場企業の系列のＩＴ会社に就職しました。ディレクターとして働いていましたが、社員教育制度がなく、自分でマニュアルやルールをつくっていました。時間どおりに出勤しなかったり、挨拶《あいさつ》しない上司や同僚に「何か違うな」と感じていましたが、怒ることはありませんでした。

しかし、1年半で退職することになりました。退職の理由は、出来の悪い先輩との衝突でした。先輩は私の仕事に口を出してきて、私はついに怒鳴り返してしまったのです。そのとき初めて怒ったことに気づきました。私はきちんとしていないまわりに振り回されるのに嫌気がさしたわけです。

退職後は、学生時代にスポーツ部の遠征費を稼ぐためにやっていたアフィリエイトを再開しました。

しかし、最初はうまくいきませんでした。同棲していた彼女に養ってもらっていた、いわゆるヒモ生活を送っていました。彼女にお金を返したいという思いで、投資関連のアフィリエイトブログに本気で取り組みました。半年後には、アフィリエイトからの収入が月50万円を超えるように。彼女には借金を返し、暮らしも楽になりました。その後は、アフィリエイトコーチもスタート。現在は、サーバー移転の受託とサイト管理の会社を立ち上げて、10年目になります。

アフィリエイトブログがうまくいったのは、**学生時代から長く続けていた**からです。

投資関連の記事に絞ることで、需要の高い分野に参入できました。そして、時流に乗れて運が良かったと思います。私は、起業後は、一人で考えて、一人ぼっちで淡々と進めてきています。

報連相がめんどくさくて、超大手企業をあっさり退社。ぼっちコンサルになって自由人生

――成功ぼっち起業家⑥

私は高校生の頃から学校をよく休んでいました。一日中話さなくても平気で、一人でいる時間が大好きです。それは、ネグレクトされた子供時代と、イジメに遭っていたことが原因だと思います。学校には週に2回くらいしか行かず、友達は一人もいませんでした。でも、私は友達がほしいと思ったことはありませんでした。私は本物のぼっちです。

中途採用で、日本有数の超大手企業に就職しましたが、すぐに後悔しました。お役所のような前例踏襲主義に、私は耐えられませんでした。報告書のフォーマットが決まっていて、本質には関係ないことに時間をかけさせられました。将来は年収200

0万円以上もらえると約束されていましたが、私は半年で辞めてしまいました。

辞めるきっかけは、出来の悪い先輩から「報告書の罫線《けいせん》の種類が今までと違う」と言われたことでした。「罫線が違っているからと、売上や利益率が下がるんですか？　あなたの給料が下がるんですか⁉」と反論したのが、私の最後の仕事でした。そして、無断欠勤を1週間。いちいちたいしたことがない報連相を、押し付けられたフォーマットに入力するのが、とにかくめんどくさかったのです。

こんなフォーマットじゃ、ちゃんと相談できないし、問題解決できないとイライラしていた会社員時代でした。

辞めた後は、しばらくは工事現場や引っ越し作業、配送センターなどの肉体労働のアルバイトをしました。報連相も人間関係もなく、気分転換になりました。

その後、就職活動に嫌気がさして、ぼっちでコンサルタントとして起業しました。起業セミナーで、私と同じようなはみ出し者の人たちと出会い、互いに、自分たちは〝野良犬〟のようだね、とおもしろがったり、また進捗具合を刺激しあって、徐々に集客できるようになりました。

私がコンサルタントとして集客できるようになったのは、書類力、**ビジネスライテ**

ィングのスキルが一番のポイントだったと思います。お客様の会社の規模が大きくなるほど、トーク力はほとんど関係しなくなります。

それよりも提案書や事業計画書の文書作成能力が重要になります。

私は、集客活動をしながらそのことを徐々に学んでいきました。今は、一人だけでの生活には困らないくらいの収入を得て、週の半分くらいは布団の中でダラダラ過ごしています。それでも、貯金はもう数百万円貯まっています。

他のぼっちの人に伝えたいことは、**会社で働けなくても、起業したらうまくいくかもしれないという事実を知ってほしい**です。他のみんなと違う生き方もあるということです。

他人に振り回されて人生ボロボロ。ぼっち起業で、カリスマを支える集客ライター――成功ぼっち起業家⑦

私は陰キャで、クリティカルシンキング（批判的思考）が得意、ネガティブなタイプです。仕事は集客ライターをやっています。

研究者を目指して中堅レベルの大学院に通っていましたが、**父の会社が倒産**してしまいました。大学院を辞めざるを得なくなり、就職活動を始めましたが、20社以上受けてもすべて落ちてしまいました。自暴自棄になって、上野公園のホームレスの人たちを見に行きましたが、「ぞっ」として足がすくみ、自分には、こんな生活はできないと思いました。

そこで、気持ちを切り替えて、知り合いの紹介で大手家電系列のマーケティング会社に入社しました。ライティングや企画立案の仕事を任され、思いがけないほど成果を出すことができました。

社長にも認められて、ナンバー2のポジションに抜擢《ばってき》されましたが、これが原因で、まわりから妬《ねた》まれたり批判されたりするようになりました。

私はもともと陰キャだったので、ますます人とのかかわりを避けるようになりました。

一生懸命働いて、自分の成果を出していたのに、**今度は、この会社が倒産**してしまいました。毎日会っていた社長は何も言ってくれませんでした。

他人に振り回されるのはもう嫌だと思い、自分の人生は自分でコントロールすると決めて、起業しました。

起業したきっかけは、異業種交流会で出会った企画会社からの依頼でした。超有名経営者が登壇する講座の集客用のＬＰ（エルピー）やメールマガジンのライティングを任せてもらえることになりました。私のライティングのおかげで、総計2万人以上の人がセミナーや講座に参加しました。

その後もカリスマ経営者から信頼され、収入も安定し、今ではライティングの仕事だけでなく、マーケティングやセールスのノウハウを起業家や小規模事業者に教えることもしています。

私は、**生き残るためには集客と営業が一番大事**だと思っています。なぜなら、経営に直結した分野だからです。

倒産しないためには、小利口な理想を掲げたり、教科書どおりの理屈を語るよりも、**とにかくお金、収入、利益をつくる**ことが大事です。

二度も倒産を間近で体験して、もう他人に翻弄《ほんろう》されるのは嫌だと心底思っています。**自分の人生は自分でつくるのがいい**ですよね。

コミュ症でも人気の財務コンサルに！税理士法人の謎スローガンがきっかけ

――成功ぼっち起業家⑧

私は専門学校卒の財務コンサルタントです。大学には行っていません。今は、自分の事務所を持って、従業員5名とともに、顧問契約先100件以上のクライアント企業の成長をサポートしています。

でも、私の人生はずっとこんなに充実していたわけではありません。実は、超大手税理士法人に就職したものの、その法人の経営理念が税務会計とは無関係な自己啓発的な内容で、まったく**共感できずに孤立した**のです。

私は、税務会計に関する知識や技術は、誰にも負けませんでした。

税理士法人に入ってすぐに、その法人の経営理念に違和感を覚えました。その理念とは、たとえるなら「自分を変えることで、世界を変える」というような、私に言わせれば、**「バカなんじゃないの」**というものでした。こういう理念が税務会計と何の関係があるのか、まったく理解できませんでした。

私は、税理士としてのプロの仕事に専念したかったのです。そこでひたすらマイペースで仕事に取り組んでいましたが、それが災いしました。私は、飲み会に参加しなかったり、地味スーツを着なかったことで、「周囲と協調性がない」と受け取られて、孤立していきました。

でも、私は、特に焦りや不安は感じませんでした。なぜなら、**他人は他人で、自分には関係ない**からです。私の税務会計の仕事でお客さんに役に立ちたいという考えはブレませんでした。

次第に、税理士法人の同僚との関係に嫌気がさしてきました。彼らの仕事のミスをフォローしたり、教えたりすることが多かったのです。私は、彼らに対して、尊敬や感謝の気持ちを持てず、彼らと一緒に働くことにやりがいを感じませんでした。そして、私は、退職を決意しました。

私は、税理士法人を辞めた後、先輩税理士の事務所に間借りをして独立開業。自分のやり方で仕事をすることができました。それは、法人税の節税提案よりもクライアント企業の成長に視座を定めた的確な助言をすることでした。その後、財務コンサルの会社も立ち上げ、評判は高まりました。

従業員を雇用し始めるまで成長できたのですが、私は、従業員を守らなくてはという思いから、なりふりかまわず営業して売上をつくりました。私は、**共感力が弱いコミュ症**ですが、人気の財務コンサルになれました。

高校までカースト最下位の完璧地味陰キャが、ぼっち起業でキラキラInstagram集客コーチ

――成功ぼっち起業家⑨

私はInstagram集客コーチをやっています。今は、自分の好きなことを仕事にして、毎日楽しく暮らしています。でも、私の人生はいつもこんなにキラキラしていたわけではありません。実は、高校までカースト最下位の完璧地味陰キャだったのです。

私は、高校卒業までずっとぼっちでした。友達がいないのは、自分が地味で目立たないからだと思っていました。眼鏡をかけて、ショートヘアで、地味な服を着ていました。いつも手汗をかいていて、人と話すのが苦手でした。**無理して、陽キャについていっても、馴染めませんでした。**当時から自分もいつかは華々しい陽キャになれたらなぁ、一軍に入りたいなぁと、憧《あこが》れていました。

高校卒業してから、Instagramにハマりました。画像投稿がおもしろくて、自分の写真をアップするように。それが、自分を変えるきっかけでした。

自撮りをするために、**外見を変えてみました**。眼鏡をコンタクトにして、ショートヘアをロングにして、胸を強調するような服を着てみました。

すると、インスタでの反応が変わりました。地味キャラのときはほとんど「いいね」がつかなかったのに、美人系になったら、1000以上の「いいね」がつくようになりました。**世間が手のひらを返したように感じました**が、とてもうれしかったです。

Instagramで自信がついた**私は、コミュニケーション力があることに気づきました。スマホでメッセージをやりとりするのが得意だった**のです。そこで、副業でInstagramコーチをスタート。すると、予想以上に売れて、驚きました。40代の女性に、半日で撮影の仕方やハッシュタグなどを教えたら、1万円の約束だったのに3万円を振り込んでくれたのには感動しました。これが私の最初の成功体験です。

その後、ぼっち起業してTikTokも始めて、プロフィール欄に「Instagram集客コーチ」と書いただけで、生徒さんがどんどん集まるようになり、会社員時代の給料を上回る月もあります。

お金に余裕ができたら、手汗も落ち着きました。気持ちに余裕ができたからです。カースト上位への憧れもなくなりました。私はぼっちで陰キャのままですが、人生を楽しんでいます。Instagramで自分を表現することが、私の幸せです。

管理職昇格で総スカンの陰湿イジメ。ぼっち起業したらネットショップで月200万円

——成功ぼっち起業家⑩

私は今、ECコンサルタントとして活躍しています。でも、昔は貧乏で、ぼっちでした。父親と二人暮らしで、学校にも馴染めませんでした。勉強は苦手で、高校では留年。卒業後は印刷会社に就職して、そこでまじめに働いていました。

部長に昇進すると、部下や上司との人間関係に悩むようになりました。私はそもそも無口で、話すのが苦手でした。そのせいで、部下からは無視され、上司からは責められることが多くなりました。いろんな嫌がらせも受けました。

とうとう、うつ病になってしまい、退職しました。その後は、いろいろなアルバイトをして、なんとか生活していました。

ある日、同級生がネットショップで儲《もう》けていると聞きました。私もそれに興味を持ち、深く考えずに起業することにしました。

さっそく楽天市場にショップを出したのですが、最初はまったく売れませんでした。1年くらい苦労した後、やっと月平均200万円を達成しました。出荷作業を時々、派遣スタッフに手伝ってもらいましたが、基本的には一人でショップを運営していました。指示や管理がめんどうだったからです。**人付き合いは、最小限にしていました。**

ショップが安定してからは、ECコンサル事業も始めました。おとなしい感じのひとり社長の相手をしています。**イケイケな陽キャは疲れるので、顧客にはしません。**

私は大成功したわけではありません。でも、ぼっちで働くことを選んで良かったと思っています。

私が失敗しなかったのは、タイミングと勉強のおかげです。読書やセミナー、コンサル指導を受けて、知識を身につけました。ずっと印刷会社にいたら、人生を自ら終わらせていたかもしれません。

第3章

失敗確率を減らす「ぼっち起業」の準備

ぼっちの生命線アイテム「スマホ&パソコン」だけは手放さない

先述したとおり、**ぼっちにとって、インターネット社会はとっても好都合**です。あまり**話さなくても、**あまり**人に会わなくてもいい**からです。

だったら、うまく活用しない手はないと考えるのが無理のない流れだとは思いませんか？　私たちぼっちや陰キャ、人見知りにとって「ネットは生命線」と言えるでしょう。

私たちができるだけ楽に稼いだり、生きたりするための「三種の神器」、手放してはいけない必携アイテムがあります。

①スマホ。
②パソコン。
③ポケットWi-Fi。

この3アイテムです。

ここでぜひ、あなたに強く認識してもらいたい本質的な話があります。

あなたが稼ぐにも、できるだけストレスを減らして快適に生きるにも、他人との〝コミュニケーション〟は欠かせませんし、重要な要素になっています。**ぼっち起業と言えども、コミュニケーションをゼロにはできません。ただ、最小限にすることは可能**です。

コミュニケーションが苦手だとか嫌だとかは、誰でも持っている正直な気持ちでしょう。私もかつては、本当に、相手が誰であってもコミュニケーションすることは苦手でしたし、避けていました。オドオド、ドキドキでした。

でも、それだと稼げないばかりか、生き心地がとっても不快なままだったのです。

今では、〝**ある種のコミュニケーション法**〟を用いて、十分に稼げるようになっていますし、私に敬意を抱いてくれる人たちもいて、ストレスがない楽な人間関係の下で暮らしています。

大切なので、繰り返しますが「コミュニケーションは必要」「コミュニケーションは大切」です。ただ、それはあなたの考え方とやり方次第で、楽で簡単なものになり得ますから、安心してください。

話さなくてもOK！「稼ぐためのコミュニケーション」術

稼ぐための活動は非常に単純です。

あなたが提供する商品やサービスについて、相手にセールスメッセージをアウトプットします。それを相手が承諾してくれたら、商品・サービスを提供し、あなたは相手から代金を受け取ります。

なお、**セールスメッセージは、話さなくても、会わなくても大丈夫**です。**スマホやパソコンで伝えれば問題ありません**。ここがポイントです。

セールスメッセージとは、宣伝文句や商品説明です。このメッセージをターゲットに伝えるのが〝稼ぐためのコミュニケーション〟の1つで、絶対に必要なステップで

す。

「ぼっち起業」におすすめのスマホ・パソコン・Wi-Fi

私たちぼっちや人見知りにとって、ネットの世界は安心感をもたらします。このオンラインの社会をフル活用するために、スマホ、パソコンを手放してはいけません。

慣れれば、ほとんどの仕事はスマホだけでできるようになるものですが、パソコンがあればもっと便利です。

それにiPhoneでなくても全然かまいませんし、Macである必要はありません。

どうしてわざわざ私がこんなことを言う

のか？

iPhoneやMacじゃないとダメだと思い込んでいる人が意外と多いからです。スマホもパソコンも消耗品ですから、私は10万円を超えるようなバカ高いスマホを買ったことがありません。格安ＳＩＭのイオンモバイルで販売している中華メーカーの3万円ほどのスマホを約４年間ごとに買い替えていますし、パソコンも10万円くらいのものを必ず12回払いか、24回払いの分割払いで購入して、こちらも4、5年ごとに買い替えています。

定期的に買い替える理由は、いつでも快適な状態を保つためにです。フリーズするとか起動するまでに数分間も必要という状態を避けるためにです。

ぼっちで陰キャな私にとって、脳や心臓、手足の代わりに働いてくれるのがスマホやパソコンです。

そして、ポケットWi-Fiは、酸素や血流のような存在です。

私はどこに行くのにもポケットWi-Fiを持って出ています。それは、ネット環境が脆弱《ぜいじゃく》なだけで、スマホもパソコンもただの〝使えないお荷物〟になってしまうからですし、自分も無能状態になってしまうからです（笑）。

ぼっちの生命線、スマホ・パソコン・Wi-Fi環境にはケチらないことを強くおすすめします。

これらのぼっちの三種の神器は、たとえるなら「社会との接点」であり、ビジネスでは**有能で勇気ある「セールスマン」**です。時には稼ぐことばかりでなく、孤独感を和らげることもしてくれます。ぼっちの私たちにとっては、インターネットが社会的なつながりを得るだけでなく、心の支えにもなってくれるのです。

「非常識でいい」と居直る4つのポイント

私は非常識です。最近チェックしたら〝**社不度**〟**は73%**でした。かなり高めですよね。

社不度とは、社会不適合の度合いのことです。「TESTI!」というWebサイトで〝にしうり〟が作成した社会不適合診断（https://testii.net/shindan/750）です。科学的かどうかも作者の出自も不明なので、ちょっとしたお遊びとしてやってみたら、そんな結果が出てきました。

あなたがぼっちや陰キャな場合、社交的な場では最大級のプレッシャーを感じるのではありませんか。私もかつては、ドキドキしていました。

でも、もしあなたも「非常識」であることを受け入れたら楽になります。非常識を居直って、稼げたら最高じゃないですか。

私が、決意して実践している非常識な行為、意識は次のとおりです。

①積極的には話さないと、決めている

あなたが非社交的でも、それは問題ありません。無理におもしろいことを言わなくても、自分のペースで必要最小限のコミュニケーションを取ればいいだけです。人はあなたの話し方や無意味な会話よりも、あなたの才能やアイデア、実績に興味を持っています。

②「愛想が悪い」と言われても問題ない

人はみんな違います。誰かに愛想が悪いと感じさせても、それはあなたの個性です。

無理に自分を変える必要はありません。例えば、私が愛想をふりまくのは仕事でお金をもらっているときだけです。まさに現金な人間です。何か悪いですか？（笑）

③「付き合いが悪い」と思われてもかまわない

過度なストレスを感じない範囲で、最低限のお付き合いをすればOKです。例えば、私は夜のイベントや飲み会にはほとんど行きません。行っても1時間で引き上げて帰ります。最短では20分だけで帰ります。みんな知っているので、とやかく言われません。ほとんど誘われません。とても楽です。

④「リアクションが薄くてつまらない」と言われてもかまわない

リアクションは、意図的に薄くしています。相手に〝情報〟を与えたくないからです。自分が優位に立ちたいとき、自分の情報を出しすぎるのは無能です。例えば、私はリアクションしないことで、他者に強さとミステリアスを感じさせます。ネット上で攻撃されたときも、自分ではいっさい反応しない作戦をとりました。相手は最大級の恐怖と焦燥を感じたらしいです。

いかがでしょうか？

あなたがみんなと違う、つまり、その他大勢と違う状態、つまり主流ではない「非常識」であることを受け入れられると、メンタルはとても楽になります。実はそういう自分を活用すれば、成功への道は開かれます。なぜなら、**成功への秘訣は、自ら少数派を選ぶこと**だからです。

窓際の固定給を得ながら、〝ちゃっかり〟学べ

もしあなたが、今いる会社やアルバイト先で、それほど期待されていない状態であるとか、重要なポジションではない「one of them」であるとしたら、その気楽な立場をおおいに利用して、毎月の給料をもらいながら、起業後に役立つ勉強や経験を積むことは、頭のいい時間の使い方と言えるでしょう。

「エースピッチャーは４番バッター」理論に従い、今やっている仕事で「デキる奴」

を目指しましょう。作業系であれ、事務系であれ、クリエイティブ系であれ、どんな仕事でも、一生懸命に挑戦してください。そして、挑むだけでなく、ある程度勝つことを目指しましょう。なぜなら、1つのことがデキる人は、何でも、ある程度はデキると言われるからです。**好き嫌いや向き不向きを超えて、目の前の仕事に全力を注いでください**。これは、起業して失敗しないための思考力と実践力を養うためのトレーニングです。

イーロン・マスク氏の「バラシと代用」理論でも説明できます。

この理論は本来、テスラや宇宙ビジネスで用いている戦略ですが、この理論の本質は、「細部に分解して、何かで代用する」ということです。今まで「仕方なくやらされていた仕事」であっても、意識を変えるだけで、お金をもらいながらトレーニングする場に代用できてしまいます。

例えば、セブン‐イレブンでの品出しやヤマト運輸での荷分け作業をやっていれば、今売れている商品やトレンドを体感できます。私がヤマトや佐川でバイトをしていたときは、話題の軍隊式ダイエットセットや欧米のミネラルウォーターがこれでもかというくらい目の前に流れてきました。工事現場系の派遣スタッフをやっていたときは、ほとんどの派遣先はタワーマンションの建設現場でしたから、タワマン建設ラッシュを体感して、不動産の高騰を予見できました。何をやっていても、無駄にはなりません。

あなたには、**起業するまでの間、目の前の仕事を軽視するのではなくて、今の仕事でニッチな一番を目指してほしい**のです。何か成し遂げれば、あなたの自信になるからです。

どんな経験も有用にするコツ

実は私は、もっとずる賢く、立ち回っていました。例えば、在籍していた会社の教育制度を活用して、マーケティング講座をみっちり受講して、キャッチコピーづくりやSEO対策が得意になってから、退職しました。無論、すぐに退職したわけではありませんが……。

本田技研工業の創業者・本田宗一郎氏は「長い目で見れば人生には無駄がない」と

言っています。人生には試練がありますし、仕事をしていてもめんどくさい出来事に遭遇しますが、それらの経験をあなたが主体的に活かしてみようという発想ができれば、得られるものは必ずあります。

これは「賢い」姿勢ですし、間違いなく「強い」人のやり方です。成功する人は、目的意識が違います。何気ない体験からも〝ちゃっかり〟とトレーニングを積み、成果を手に入れます。

頑張ったことがある人しか、頑張れません。

起業するまでの間、頑張ったことがない人が起業してから頑張れることはありません。もし、今どこかに属しているなら、辞めるまでの間、お金をもらいながら、頑張る経験を積んでおくことをおすすめします。頑張ることに慣れてほしいからです。

「オタクだね」と言われたことがお金になる

「オタクだね」と言われることは、あなたが深く知識を持っていて、それが他人から認められている証拠です。それは、「すごいね」や「詳しいね」「たいしたものだ」と同じように、**あなたの才能や特技が評価されている**、うれしい瞬間に違いありません。

例えば、料理が得意な女性は、料理を食べた友人から「すごいね」と言われました。これは、友人から「すごいね」と言われたことがビジネスにつながった例です。

彼女はそのスキルを活かして料理教室で起業して、成功を収めました。これは、友人から「すごいね」と言われたことがビジネスにつながった例です。

ちなみに、私がコンサルティング業を選んだ、そもそもの動機も、会社員時代に会議やイベント事で私が担った準備作業について、上司から「サービス満点だね、完璧《かんぺき》だ」と言われたことを覚えていたからです。

これを深掘りしてみました。自分は「他人の世話をするのが好きなのかも」「他人を応援するのが得意なのかもしれない」と気がついて、コンサルタントの道を選びました。

自分のオタクネタをお金にするときの重要ポイント

ビジネスを失敗させないために注意してほしいことは、ただ「すごいね、オタクだね」と言われただけでは、お金を受け取れるビジネスにはなりません。

その強みを市場価値のあるものに変換するためには、どのように商品化するか、どんな人を顧客にするかなど、戦略的な考え方が必要です。

成功するためには、自分の強みを理解し、市場のニーズやトレンドに対応できる柔軟性が必要です。そして、自分の才能を信じ、それをさらに磨き上げる情熱が必要です。

「すごいね」と言われたことを成功するビジネスに変換するためには、**誰を対象にするか**が重要です。

料理が得意な人の例では、料理の初心者である結婚前の女性を顧客対象にしました。**未経験者や初心者をターゲットにする**ことは、強みをビジネスにしやすくなります。

私のコンサルティングの対象者も、教える分野の未経験者に絞っています。これは、自分の強みを最大限に活かすためのやり方です。

陽キャオタクの知識と陰キャオタクの知識の違い

企業内弁護士の方が執筆している「法務部社員とも姐の深夜まで働きすぎ日記。」(https://kapi80123.livedoor.blog/) というサイトがあります。

このサイトの記事「なぜオタクはコミュ障が多く視野が狭いのか。情報過多が理由という説」で、論文『巨大情報システムの中の人間』(住田晴幹) について、サイエンスライターの鹿野司さんがわかりやすく解説していることを取り上げていました。その内容は、

◉今の世の中は情報過多で、1つの分野について情報量が多すぎる。
◉他の分野を理解する余裕がなくなり、専門バカ=マニアになっている。
◉知識の範囲が狭くて深い方向になってしまっているのがオタクの特徴である。

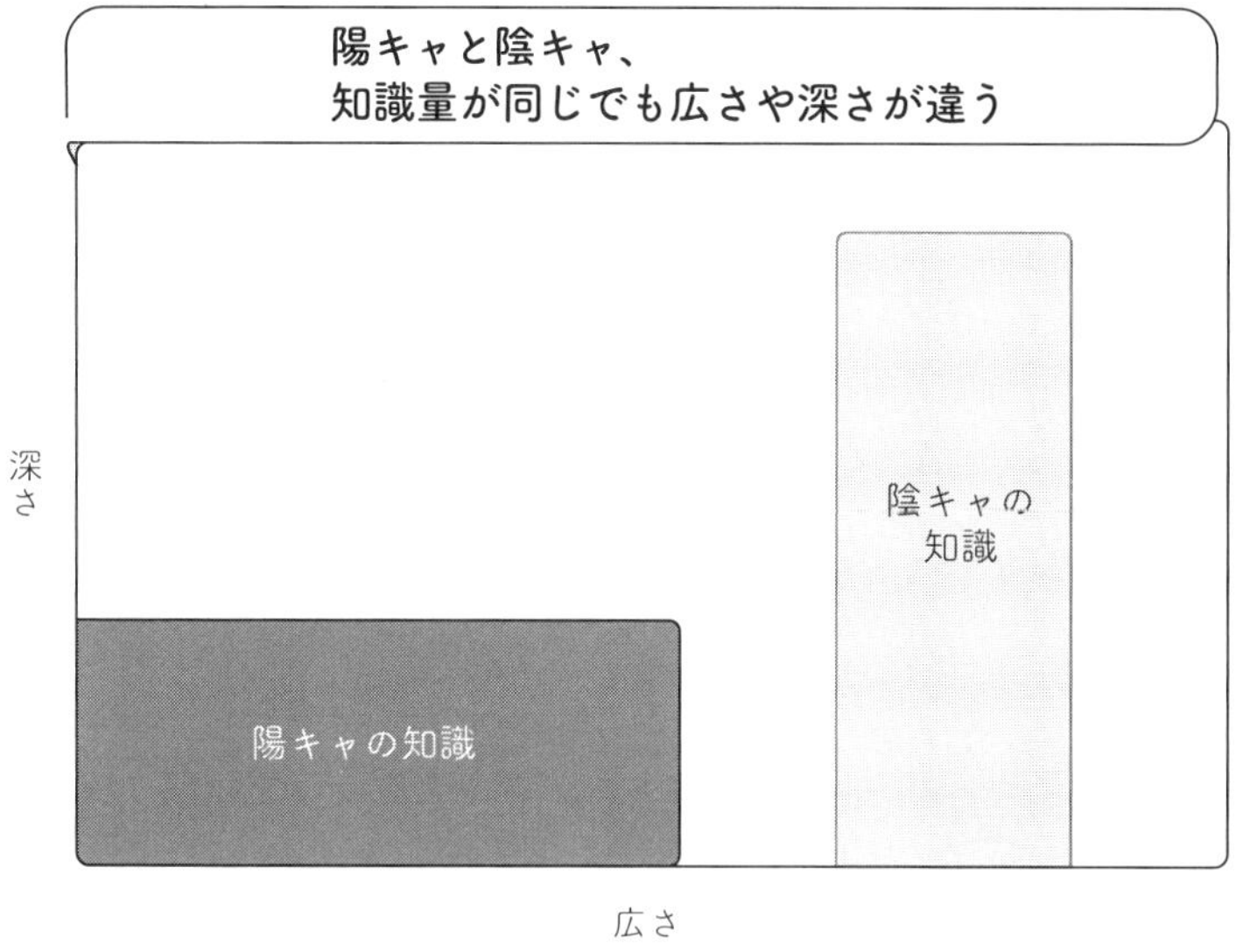

といったものでした。

実際に私は、陰キャでぼっちの上に、「貧乏」という条件が子供時分に掛け合わされて、陽キャでお金持ちの子と比べると、著しく制限された体験しか持たないまま、大人になりました。ゲームも旅行も、外食も、そして教育を受けることもほとんど経験していませんでした。

私が詳しい分野と言えば、経済界の小林一三氏にまつわることが大半ですし、ひいては関連するオリックス・バファローズ（旧：阪急ブレーブス）のことばかりで、狭く深い知識になっている点は、住田晴幹氏の論文の内容と合致しています。

視野の狭さは、コレで補填する

人々の視野の狭さ広さ、つまり、知見や世界観のスケールは、さまざまな体験と知識、そして思考によって形成されます。

私もそうだったようにぼっちや陰キャ、人見知りの人の場合、体験が限られ、視野が狭くなってしまう傾向があります。

でも、その限界を超え、視野をより広げてくれるソリューションがあります。

それが「**読書**」です。読書は新たな知識や視点を得ることができるばかりか、疑似体験もできます。夢を膨らませることだって、やってくれます。

例えば、小説を読むことで、自分が直接経験することのない他人の生活や感情を理解することができます。

読書は、知識を得るだけでなく、思考力や想像力を鍛える効果もあります。ストーリーを通じて、登場人物の視点を理解し、その背景や動機を想像することで、自分自身の視野や人間としての奥行き、つまり、懐を広げてくれます。

効果的な読書をするコツがあります。

それは、事前に課題を持つことです。何を知りたいのか、何を考え、何を解決したいのかなどです。これによって、より最適な本を選ぶことができますし、タイパ良く読書に向かうことができます。

また、私が起業当初に行なった珍しい読書法を披露します。

それは、街の小さな本屋さんで、どんな本かまったく選ばないで、書棚の端から機械的に順番に本を買って、読むというものです。街の本屋さんは大型書店のように、本がきちんと子細に分類されて並んでいません。経済系があったり、科学系があったり、文芸の本があったり、スピリチュアルの本があったりします。

起業当初、暇だったので毎日1、2冊ずつ、このルールに従って、いわゆる乱読を進めました。

この乱読には、明らかな効果がありました。例えば、司会業で有名だった「みのもんた」さんの本です。このルールでなければ、絶対に読まない本です。なぜなら、私は雰囲気として彼を嫌いだったからです。『義理と人情　僕はなぜ働くのか』（幻冬舎新書）という本だったのですが、読んでいて、私は自分の世界観や了見の小ささを思い知らされました。

〝嫌い〟というのは、本当に根拠がない印象なだけで、この本を読んで彼の想いやその背景を知ることができ、好きにはならなかったものの、嫌いではなくなりました。

わけもなく、嫌悪感を抱く思い込みは、本当に恐ろしいと学んだ忘れられない出来事でした。私は、今ではコンサル指導のプログラムに「思い込みの外し方」というものを含ませているほどです。

読書は、知識や体験、付随する思考を補うための有効な手段です。

それは、あなたの世界を広げ、深めるはずです。読書は、自分自身の成長と発展のために重要なステップです。

さらに、読書だけでなく、Amazon オーディブル、ネットフリックス、YouTube、映画や演劇、音楽鑑賞、マンガ、ゲームなども、新たな視点や知識を得るための手段になり得ます。これらは、あなたの「稼ぐ」と「生きる」のに役立つ、「人」を理解することに必ずつながります。

視野を広げ、あなたの世界観を広げることで、ビジネスでも成功を収めることができます。

視野が狭い世間知らずでは、ビジネスはうまくいきません。うまくいかない、負ける、失敗する人たちの共通点は、「情報不足」です。情弱はいつも損をします。

起業したことを友達に話さない

私は起業する前から、ぼっちでした。同僚や先輩に、自分の夢や計画を話しませんでした。なぜなら、**起業したことがない人に話してもわからない**と思ったからですし、そもそも賛同を得たいとも発想しませんでした。話したところで、バカにされたり、反対されるだけで、時間の無駄だと思ったのが正直なところです。

起業することを話すと、３００％の確率で**「ドリームキラー」**があなたの目の前に現れるでしょう。

ドリームキラーとは、あなたの夢を否定したり、難癖をつけたり、妨害する人のことです。彼らは、あなたのやる気を奪ってしまいます。**起業したことがない人、起業して失敗した人に話しても無駄**です。あなたは、応援されませんし、具体的な支援も99％得られません。

私は、ドリームキラーに出会わないために、**秘密主義**でいました。誰にも言わないで、黙々と、着々と、進行させました。それが、私にとって最善の方法だったからです。

秘密主義で起業する3つのメリット

秘密主義で起業する、メリットは次のとおりです。

①自分の意志で自由に行動できる。
②誰にも邪魔されない。
③感情を乱さず、自分の力を存分に発揮できる。

もちろん、デメリットもあります。孤独で困難に直面したときに無償の協力者がいないことですし、責任転嫁する逃げ道も失います。

でも、実際、ぼっち起業家の人たちは、それらを基本的に自分で乗り越えています。

また、起業家セミナーに参加することで、多くのアイデアをもらうこともできます。

私が同棲相手に起業したことを話したタイミングは、法人設立をして20日後くらいのことでした。

「会社、またまた辞めたんだ。それで自分で会社をつくったんだ」と言いました。

相手の反応は「へえ、そうなんだ……」だけでした。

この反応は、期待され、信頼されていて、心配されていなかったからです。

なぜなら、私は、会社勤めは向いていませんでしたが、実務はきちんとできていたからです。この時点で持っていた資金は200万円だけでしたが、スタート地点としてはそれで十分だと思っていました。

私の周囲のぼっち起業家たちの大半も、起業することを誰にも話していない人ばかりです。むしろ、**「起業するぞ！　宣言」**をした人たちは**ことごとく失敗**しています。

起業前に大反対に遭って、起業を断念する人がとても多いのです。私は有言実行のやり方を選んだ彼らは、もしかしたら反対されることを望んでいたのかな、とも思います。反対されれば、撤退しやすいからです。

でも、私たち秘密主義のぼっち起業家は、自分の夢や目標を大切に守るために、**「無言実行」**という作戦を選んでいます。

ほとんどの場合、一番のドリームキラーは、親や配偶者です。理由の大半はお金関連でしょう。同僚は、あなただけ成功者になるのが許せない、あなただけお金持ちになるなんて卑怯《ひきょう》だ、などとわけのわからないことを言って、自分が置いてきぼりになるのが嫌だから、あなたの足を全力で引っ張ろうと躍起になります。

さあ、あなたはどうしますか。有言実行派？　それとも当面の間、秘密主義で着々と地下活動をして進むことにしますか？

マイペースを死守する際のポイント

第1章でもお話ししましたが、とても大切なので「マイペース」について深掘りします。

マイペースは、うまくいく起業家にとって非常に重要な要素です。

ぼっちや陰キャの人がマイペースを崩すと、感情コントロールが難しくなり、良くない結果を引き寄せることになります。だから、絶対にマイペースを守ってほしいと思います。

ただし、注意点があります。

マイペースが崩れるとは、あなたが他人や環境に強く影響され、自分本来の進み方から外れてしまうことを指しています。自分に合った進み方を崩さないようにしましょう。

自分に合った進み方とは、あなたが気分良くほしい**〝結果〟を導き出せる進み方**のことです。ご都合主義のわがままなペースということではありません。まわりに流されず、確固たる意志を持って、人の意見や状況に、簡単には流されないでください。

マイペースを維持するためには、**自分自身を理解することが重要**です。

例えば、どれくらいの時間、集中力を持続できるか。私の場合は、せいぜい2時間くらいです。ですから、最大でも同じ思考や作業を2時間以上は続けません。2時間を毎日やる、やり方をやっています。

自分に合っている環境も理解していると、生産性が上がります。寝室がいいのか、居間がいいのか、カフェや図書館、レンタルスペースがいいのかなどです。私は圧倒的に寝室、布団の中から仕事をしています。寝室が私の〝パワースポット〟だと疑いません。

成功するぼっち起業家がやっていて、失敗するぼっち起業家がやっていないこと

「時間（期間）がかかるほど、お金（経費）もかかること」を理解しておいてください。ビジネスを成功させる秘訣は、**「早く始めて、早く成功軌道に乗せること」**です。

お金とは、生活費とビジネスのための運転資金のことです。

成功したぼっち起業家は、淡々と進んでいく人たちが圧倒的に多いようです。

ものすごい勢いで取り組む数日間があったり、長く休養するといった斑《まだら》をつくると

疲れてしまいます。また成果物の出来栄えにも濃淡の斑ができてしまいます。

理想的な結果を手にできたぼっち起業家は、少しずつ平準化して進むのが定石です。そして中断しません。**継続の鬼**ばかりです。

例えば、億越えのAさんは、20年以上も毎日、コロナウイルスに罹患《りかん》して寝込んだ1日を除いて、読書をしています。コミュニティのオーナーのZさんは、毎月25日間もイベントを主宰して、いつも変わらず丁寧な接客を行なっています。私も13年間以上、1日も休まずにブログを更新しています。

このような**継続が、成功軌道に乗っている人たちのマイペース**です。

楽なほうを選ぶ、手抜きをすると、良くない状況を引き寄せます。これは理想像を手に入れられない人たちの共通点ですから、気をつけてください。

でも、安心してください。

私も彼らも、起業する前は、特に続けられることは何もありませんでした。堪《た》え性がないダメ人間でした。起業してからは、失敗しないために必要だから続けているだけのことです。マイペースで積み重ねてください。積み重ねが、あなたの未来をつくります。

もし、あなたも必要な努力を積み重ねたとしたら、あなたの未来はどうなっているでしょうか？　イメージしてみてください。その映像は、案外実現するものですよ。

「陰キャで有能な人」とつながる

結論からお伝えすると、陰キャやぼっちの人が付き合わないほうがいい、**かかわりを持たないほうがいいのは、「陽キャ×無能」**です。

陰キャやぼっちで起業を目指すなら、「陰キャ×有能」な人だけをターゲットにして、人間関係をつくって、彼らからおおいに学びましょう。

成功への近道は、先輩成功者をＴＴＰ（徹底的に、パクる）というのは、昔から言われている定番の成功法則です。これは、私やまわりも実感している成功法則です。

有能な人とのつながり方は、以下のとおりです。

なお、その中に統計上、３人に1人程度は、陰キャ・ぼっち・人見知り人が含まれています。

陰キャでぼっちは、どんな人とつながるべき？

	有能	無能
陰キャ	○ 積極的につながる	×　やめたほうがいい
陽キャ	△ 努力してつながっても可	××　無駄なうえに騒がしい

①セミナーに参加して、講師や主催者と仲良くなる

セミナーに参加して、最も実践するべきは、講師や主催者と関係構築をすることです。

例えば**私は、3年間以上、特定のセミナーのスタッフを無償でやりました。**セミナー開催のノウハウが無料で把握できるばかりでなく、講師の先生とも親しくなれ、セミナーでは話しきれない濃い内容の話や、時には無料でコンサルセッションを受けることができました。

②本を読んで、著者にダイレクトメッセージを送る

本を読んで、SNSかeメールで著者の先生に、あなたの感想を送ります。ほとんどの場合、無反応でスルーされるかもしれませんが、たまに返事が先生から直接返ってくることがあります。丁寧な御礼メッセージがあって、セミナーやコンサルの特別招待が届く場合もあります。

私も著者としてそうなのですが、読者からの感想は、とてもうれしいものです。うれしくて特別なオファーを送ったことは一度や二度ではありません。

こんなエピソードもありました。

私は、超有名ビジネス作家の先生から「今、自由が丘にいてドタキャンを食らったから、杉本君、会いませんか?」とFacebookメッセージをもらったこともありました。それから、その著者の先生とは、20年来のお付き合いが続いています。

③XやTikTok、YouTubeにダイレクトメッセージを送る

今やSNSを活用して、有能な人とつながるのは一部、感度の高い人たちの間では常識になっています。彼らの発信に触れて、「この人から学びたいな」と思ったら、ダイレクトメッセージをするといいでしょう。

メッセージの書き方は、

「結論　↓　理由　↓　自己紹介」

です。

「喜んでもらう　↓　理由説明　↓　自分が何者か」

という流れでもあります。

最初に自己紹介を長々と書いても、用件がわからず、見ず知らずの相手からでは、ほとんど読む気にさせません。まず、最初に好意的な気持ちで〝読んでもらう〟仕掛けを施します。

④陰キャ社長からコンサルサービスを買う

有能な人と人間関係を自動的につくれる最強の戦術が「お客」になることです。いわば、**「お客さんには無礼できない」法則**です。ポイントはちゃんと、それなりの価格の有料のお客になることです。無料体験や1万円以下では、仲良くなれませんし、ひいきを受けることを望むとしたら、それは図々しいというものです。

⑤新刊を100冊まとめて購入する

これも私が実践した**有能な先生と一気に人間関係を縮められた手法**です。実績があって、有能な人は出版をしているケースがほとんどです。

新刊が発売されるときにはＳＮＳで告知があります。その告知にあなたは反応して、本当に関係性をつくりたいなら、「本を１００冊購入」することです。負担する金額は、ほとんどの場合、15万円から20万円です。無論、購入前には連絡をＳＮＳかホームページ経由でしておいて、アピールします。「どういう購入の仕方が役に立てるか」を尋ねると、**かわいげがあり、ひいきされることは間違いない**でしょう。

あなたの成功を加速させるためには、自分より先を歩んでいる有能な人と知り合い、支援を受けることです。

その際、有能なら誰でもいいというわけではありません。

やはり、あなたとリズム感やライフスタイル、価値観が合う人、少なくともあなたのことを承認してくれる人と〝つながる〟のが、ストレスを最小限に留めることができます。

かかわらないほうがいい相手とは無能はもちろんですが、さらに陽キャな人、つまり「陽キャ×無能」とはつながらないようにしましょう。得られるものがない上に、無駄に騒がしいのは、まったく意味がありませんよね。無意味、無駄な人間関係ということです。

陰キャでも、ぼっちでも、人見知りでも、**成功者にかわいがられて、その成功者を自分の支援者にしてしまうのが、戦略的先輩成功者コントロール術**というものです。

人間関係はつくるのに時間はかかりますが、壊れるのは一瞬なので、**「口は禍の元」**を意識して、相手を大切にして行動してください。

1日20分しか努力しない

私は、1日に20分間だけ努力しています。それは、13年以上にわたって、4500記事以上もの「アメブロ」の記事を書き続けているということです。

私が**ブログを更新する目的**は、次の2つです。

①**集客。**

②**ブランディング。**

私は、自分のビジネスに関係のないことや、誰も興味を持たないようなことはいっさい書きません。ビジネスのターゲット層が求めている情報を提供しています。それは、マーケティングやセールス、SNS戦略などのビジネススキルや、時々はマインドセットに関することも書いています。

私がブログを**継続できている土台は「自尊心」**です。**「自分との約束を守る」**というプライドです。「毎日、更新すると決めたから、毎日更新している」という単純構文です。

これまで更新が危ぶまれたことはありました。一度は、お酒を翌朝まで呑んで、二日酔いだったときです。しかし、読者からの一通の「早くブログ更新してください。毎日、先生のブログを朝礼で取り上げています……」というメッセージに励まされて、何とか更新することができました。もう一度は、インフルエンザにかかって高熱で苦しんだときでした。でも、**ど根性**で23時台に**ギリギリで力を振り絞って**、短い記事を書きました。

私はこのとき、自分は「やればできる人間なんだな」という自信を持つことができました。

やるかやらないかは、結局のところ、自分次第ということを実感しました。

そして私は、すばらしい人間関係に恵まれています。私のまわりには、どんな状況でも自分の仕事をやり遂げるプロフェッショナルな人たちがいます。彼らは、マーケティングや医療や動画制作やコミュニティ運営など、さまざまな分野で活躍しています。

続けるだけで5%の成功者の仲間入り

プロとは、やるべきことを淡々とこなし、常に同じレベルの結果を出す人です。

起業家としても、同じことが言えます。起業家は、自分のビジネスに関係することを毎日取り組む必要があります。それがブランディングや集客につながります。

また、自分の言葉で情報を発信することで、言語化能力も高まります。

言語化能力が高い人は、ビジネスでも人間関係でも成功します。ブログを書くことは、「言語化のトレーニング」です。自分の考えや思いをテキストでライティングできれば、あまり話さなくても、ほとんど人に会わなくても、お金を稼げますし、友達や恋人もつくれます。

ブログを書くことに慣れていない人は、最初は時間がかかるかもしれません。しかし、**毎日続けること**でスピードも上がります。書く量は多くなくてかまいません。大切なのは毎日続けることです。

「75：20：5の法則」というものがあります。私がブログを書くことをクライアントにすすめても、75％の人は実行しません。25％の人は実行しますが、その8割はすぐに止めてしまいます。5％の人だけが1年以上続けます。この数字を知って、あなたはどう考えましたか？

成功する人はこう発想します。

「続けるだけでトップ5％に入れるのか」と喜びや可能性を感じます。そして、その他大勢から抜け出すために、行動に移し続けます。

ブログを書くことは、起業する前にやり始めれば、トレーニングになります。近年はnoteで記事そのものを販売している人もいたり、ただの言語化トレーニングにとどまらず、マネタイズもできる環境もあります。

テーマは何でもかまいません。起業前ならビジネスと関係なくてもかまいません。とにかく、毎日1記事、４００文字くらい書くと決めて、挑戦してみてください。

稼いでいる人は、何かを必ず続けています。

ブログ以外には、読書、ジョギングやスポーツジム、糖質制限やゴミ拾いなどです。ポイントは、天気や体調や場所に関係なく「毎日」続けて、実行することです。もちろん、旅行先でもクリスマスや元日でもです。

続けることで、ぜひ自分の「強さ」を育てましょう。

「誠意・情熱・ど根性」を嘘でも掲げる

稼ぎたいのであれ、今よりもっと快適に過ごしたいのであれ、これらを獲得するために欠かすことができない条件があります。

例えば、スキルやテクニック、それと資金などを調えることもですが、もっと土台、あるいは根っことも言うべき大切なことがあります。

それは、マインドセットです。誠意であり、情熱であり、ど根性という精神性です。

誠意は、社会や顧客へ**「役に立つぞ！」**という意気込みです。まじめに、正直に向き合う心のことです。そして、あなたは自分自身に嘘やごまかしがない誠意ある姿勢でいることが大切です。

情熱とは、パッションです。とても熱く高まっている感情のことで、あなたは起業について、声高に他人に宣言する必要はありませんが、あなたの内心では熱く、堅く決意し、**覚悟を決めておくべき**です。

そして、ど根性です。

根性とは、そもそも仏教用語で、私流に簡単な表現で言い換えると、「初志貫徹する」ことです。稼ぎたいと思ったら、**稼げるまで努力を続ける**ことです。

稼ぎ続けられれば、根性があると言えますし、世間を見返したいと思ったなら、世間があなたに手のひらを返すような実績を残すまで頑張ることです。

例えば、ソフトバンクの創業者・孫正義氏は、誠意・情熱・ど根性を兼ね備えた起業家です。彼は、若い頃から起業家になることを夢見ており、さまざまな事業に挑戦しました。日本ではまだ知られていなかったパソコンやインターネットの可能性を見抜き、自分の考えや理念を率直に語ることで多くの人々の支持を得ました。巨額の借金を背負っても、ビジネスチャンスを逃さず果敢に挑戦を続けています。彼は危機に陥っても決して屈しません。マインドセットを土台に実践することで成功し続けています。

もう一人は、京セラを創業した稲盛和夫氏です。「哲学を重視した経営」で社員との信頼関係を築きました。ベンチャービジネスの教祖として知られ、自身のビジョンに熱く取り組み、京セラを世界的な企業に成長させるために情熱を注ぎました。今も続く京セラの成功は、彼のど根性と忍耐強さに支えられていたと言っても過言ではないでしょう。

あなたも**「誠意・情熱・ど根性」**のマインドセットを身につけて、起業の道を歩んでみませんか？

精神論は、今のところの科学の力では根拠が十分ではないかもしれません。

しかしながら、私たちの行動には、精神的な側面が強く影響を与えていることは間違いのない事実です。精神性は、あなたの現実を変える〝パワー〟の重要なカギです。つまり、あなたの行動を支えますし、奮起を与えます。**人は、自分の思考や信念を変えることで、行動や結果を変えることができます。**

あなたには、最初は嘘でもいいから「誠意・情熱・ど根性」を方針に掲げて、前に進んでみてほしく思います。頑張っているうちに、不思議なもので、それらは板について嘘ではなくなるものです。**月100万円や年3000万円**、さらに**億超え**を経験してみませんか？

もし、そういう単位の成果を手に入れられたら、あなたはどうなっているでしょうか？　想像するだけで、ワクワクして、楽しみではありませんか？

第4章

「ぼっち起業」で何をするか？

みんな○○○○業なら、ぼっち起業ができる

この章では、ぼっち起業、一人でビジネスを始める場合、どのような事業を立ち上げるべきかについて詳しくお伝えします。

私は「**コンサルタント**」**業**をおすすめします。別の言い方をすれば、**スキルシェア業、教える業、コーチ業**、つまり、誰かのために何かの〝**先生**〟になることです。コンサルタントは、クライアント（顧客）の目標達成を助けて、直接クライアントから感謝されるので、うれしさや幸福感を感じやすい職業です。

なぜコンサルタント業をおすすめするのか？

それは、**誰にでもこれまでの人生の中で、他の人に教えられるだけの知識や技能が必ずある**からです。

自分には「人に教えられるものなんか何もない」と、思った人も安心してください。私も同じようにコンサルタントになって、何をしようか、何を教えられるのかを考えたときは、強烈な不安に襲われました。陰キャの場合、これは通常反応ですし、あな

ただけでなく、みんな同じような不安な気持ちになるものです。

そして、大袈裟《おおげさ》に考えすぎないように、落ち着いてください。

教える相手さえ適切に選べば、コンサル起業して失敗する確率は、かなり低くなりますから。教える相手は、当然ながら、自分より習熟度が浅い人を選ぶことが重要です。私は小学5年生のときに6年生の子から掛け算を教えてもらったことを覚えています。

そうなんです、何を教えるとしても、必ず格下という存在がいるので、**教える相手は自分より格下を選べば良いだけ**です。


「三角形の法則」という考え方があります。

例えば、自動車学校の教官はF1ドライバーに対して、世界トップになるように指導するのは難しいでしょうが、運転免許証を持っていない運転未経験者になら楽勝で教えることができています。

私はいつも何を教えるときも、必ず未経験者か初心者を対象にしています。

例えば、ネット通販事業をやったことがない中小企業や実業家にネット通販コンサ

三角形の法則　あなたが教えるのは、未経験者 or あなたより低レベルに限る

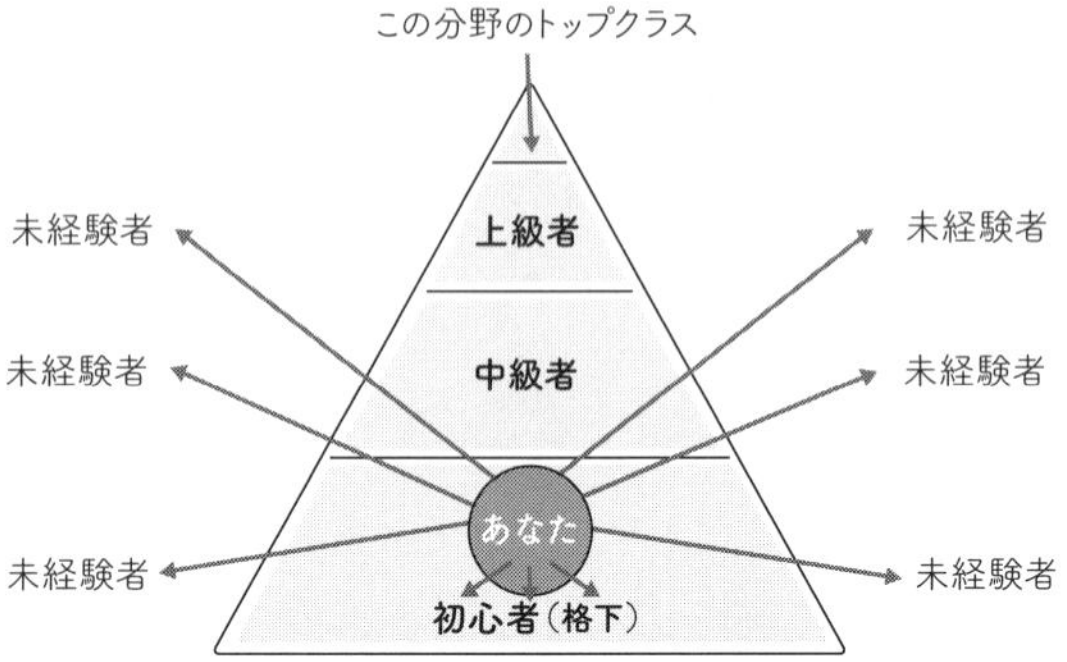

ルを行なっていますし、マーケティングやセールス、ブランディングをほとんど学んでいない弁護士や医師にそれらを指導しています。さらに、TikTokを全然やったことがない士業やコンサルタントにTikTok集客を教えています。

　ちなみに、私の事例ではないですが、**歌がうまい女子高校生のIさんは、音痴な経営者に、カラオケ指導をして、たいへん喜ばれている**とのことでした。

事業内容は、この2つのエッセンスから考える——「HARMの法則」活用術①

教える内容は、**人が困っていること、悩んでいること、解決したい問題、実現させたい欲望**など、コンプレックスが候補になります。

教える内容を決める際には、**「HARMの法則」**を参考にするといいでしょう。

この法則は、人々の悩みをざっくりと4種類に分類したときの頭文字で表現したものです。

HARMとは、次のとおりです。

◉Health（健康、美容、容姿）。
◉Ambition（目標、夢、将来、キャリア）。
◉Relationship（人間関係、恋愛、結婚）。
◉Money（お金、収入、支出、節約、投資）。

人がコンプレックスを持っているジャンルや事象をまとめたものです。

ここであなたに、全力で過去の記憶をたどって思い出してほしいことがあります。あなたは過去に、「すごいね」と言われたことがあるはずです。具体的なことでなくてもかまいません。

例えば、「聞き上手だね」と言われたことがある人なら、カウンセラーや傾聴ビジネスができるかもしれません。

「いつも落ち着いているね」と言われた人は、突き詰めてみれば、呼吸法や感情コントロールの指導者になれるかもしれません。

どんな「〇〇コンサルタント」になればいいのか、候補をいくつか、**できるかどうかとは別にリストづくり**から始めてみてください。

もし難しければ、**「今までの人生でたくさんの時間を使ったこと」「お金を使ったこと」**をリストアップしてみてください。

ここが、コンサルタント起業するときの最初の大切なハードルです。

もしかしたら、自分の〝何もなさ〟に打ちひしがれるかもしれません。でも、これは、あなただけでなく、みんなが通る道です。悲しみに暮れて、拗《す》ねてあきらめてしまうか、何とかして打開するかは、あなた次第です。

意外に思うかもしれませんが、〝親しくない〟知り合いに尋ねてみるのも参考になる場合があります。本当に全力で、じっくりと焦らずに思い出してほしいです。ここは、**大切な「自分理解」の時間**ですから。

起業して成功している人たちのほぼ100％は、起業前や起業直後に、自分の人生の棚卸しを経験しています。

やろうとしていることの解像度を上げる――「HARMの法則」活用術②

次に、本格的に事業として検討する際には、やろうとしていることについて、**資格**や**免許**、**届け出**などの有無が必要かどうかについて、必ず確認をしておきます。確認するのは、最寄りの役所で問題ないでしょう。

違法行為は絶対にダメです。ビジネスとして続かないからです。よくある違法行為は、メンタルコーチが病名を診断したり、特定の薬やサプリメントを効くからとすすめたり、投資トレーナーが株式の特定銘柄を推奨することなどがあります。これらは無資格、無届けでは認められていない一例です。

【HARMによるコンサルタント業等の事例】

◉Health＝ダイエットコーチ、メイクアップコンサルタント、ジョギングコーチ、イメージコンサルタント。

◉Ambition＝起業コンサルタント、目標設定コンサルタント、夢実現トレーナー、キャリアコンサルタント、心理カウンセラー、英語指導、資格試験指導。

◉Relationship＝社内コミュニケーションコンサルタント、リーダーシップコンサルタント、コミュニケーション能力講師、恋愛コンサルタント、婚活コーチ、離婚コンサルタント。

◉Money＝売上ＵＰコンサルタント、ＳＮＳ集客コンサルタント、家計節約コーチ、投資学校、ｅスポーツトレーナー、節税コンサルタント、マイホーム購入コンサルタント、自己投資プロデューサー、貯蓄コーチ。

これらの中で**圧倒的に稼ぎやすい分野**は、収入や売上を増やす方法を教えること、つまり、**Money** の分野です。

例えば、あなたがゲームを得意だとしましょう。ゲームのやり方を指導するのも悪くはないのですが、それよりももっと稼げるのは、eスポーツの大会で賞金を稼ぐ方法を教えることですし、売り上げられるゲームのつくり方を教えることです。

文章を書くことが得意なら、ライターとして誰かの下請けになるのではなくて、ライターにセールスライティングを教える指導者になることです。**ビジネスのヒエラルキーのできるだけ「上」を目指しましょう。**

私たちぼっちは、誰かの傘下に入る認定講師やフランチャイズとして他人のコンテンツを教えるよりは、自分ブランドの自分のコンテンツを教えるほうが、自由度が高いので向いています。

実践しながら、売れるように修正

何かを誰かに教えると決めても、柔軟性がとても大切です。

実際にセールスや接客をしながら、市場のニーズを少しずつ把握して、最初に考えた内容を**もっと売れるように**、**何度も修正**を加えていきます。

これがPDCAサイクルですし、OODAループの実践です。

例えば、私は、最初はネット通販ノウハウの通信教育、eラーニングから始めたのですが、顧客から「一般論の勉強はもう済んだから、実際に会社に来て、売ることのご指導をお願いします」と言われて、コンサルタント業が本格化しました。売れなければビジネスは無意味、売れなければ、それは単なる趣味で終わってしまいますから、**「売れる」ことにこだわって、調整を加えたり、訂正をしたりして進んで**ほしく思います。

起業して10年以上経っている経営者で、10年前と同じやり方をしている人はほとんどいないのですが、それは、やり方にこだわらず、売れることにこだわるからです。

ぼっちは、自宅で利益率70%のコンサル起業

ぼっちが起業するなら、「コンサルタント」をおすすめしています。

理由の第一は、先述したとおり、誰にでも教えられる〝何か〟があるからですが、これは商品を何にするか、何を売るかという切り口での話でした。

でも、別にもっと大切な理由があります。

それは、初期費用（イニシャルコスト）や運転資金（ランニングコスト）など、「お金」の面からのことです。

起業して大失敗しないための秘訣《ひけつ》は何だと思いますか？

それは、無駄な支出を極限まで少なくすることです。毎月の売上の変動には関係なく、一定金額の支出となる固定費を抑えられると、資金繰り（キャッシュフロー）を非常に「楽」にすることができます。

固定費で最も代表的なものが家賃（事務所費）です。

法人を設立するにしろ、個人事業主で起業をするにしても、事務所をわざわざ借り

る必要は特にありません。一人暮らしであれば、今住んでいるアパートなどをそのまま事務所として活用すればいいですし、家族と同居していても、リビングやダイニングでだって仕事はできます。それに、もちろん図書館やカフェでも、コンサルタントとしての勉強や資料作成、連絡業務をすることは可能です。

私も自宅で起業して、一度も事務所専用スペースを借りたことはありません。私の知人は自宅で、**小学生の頃から使っている学習机で仕事をしていて、年1000万円を稼いでいます**し、他の友人は**自宅の台所で仕事をしていますが、そんな彼女は月50万円以上を稼いでいます。**

起業して、すぐにダメになる会社は、事務所に行けばわかります。起業したばかりなのに、真新しい部屋を借りていて、カラーコピーやＦＡＸなどの機能も搭載しているマルチコピー機があると、私の経験則からですが、ほぼほぼ1年か数年以内に潰《つぶ》れてしまっています。私は、起業して約20年、110億円売りましたが、これまでコピー機をリースしたことも、購入したこともありません。

固定費を抑えることは、起業して経営を持続していくためには、本当に大切な基本です。毎月の運転資金は、少なければ少ないほど経営を楽にします。売上が少なくても赤字になりにくいからです。

コンサルティング業は、利益率を高くできます。

品物を仕入れるのではなく、勉強が仕入れで、支出は、勉強のためのものと、交通費や宿泊費、飲食費や外見を整えるための費用で、**利益率は70％も可能**です。

ちなみに、参考としてネット通販業なら30％、転売ヤーは20％、飲食業では10％くらいかなと私は推察します。コンサルタントで起業する場合、初期費用も他と比べて破格に少なくて済むことが大きな利点です。

他人の劣等感を理解できるから、「愛」のコンサルタントになれる

世の中には偏った価値観がありますよね。

例えば、

◉明るい性格が一番。
◉友達は多いほうがいい。
◉孤独は寂しいもの。
◉無口は辛気臭いもの。

というような決め付けのことです。

今までこういう価値観を押し付けられてきたので、ぼっちや陰キャ、人見知りの人たちの多くは、劣等感を強く感じている時期があります。もしかしたら、今現在も強い劣等感を感じている人もいるでしょう。

でも、考え方をちょっと変えてみると、とても強い武器になります。

ぼっちは、人の気持ちがわかるから、愛のあるコンサルタントになれます。陽キャな人よりも、繊細に人の顔色を見ながら、人の気持ちや状態を考える癖を持っているからです。

実は、私の TikTok で最も視聴されている動画は「成功コンサルタントには愛がある」というタイトルのもので、14万回以上も再生されています。

「愛」とは、平易に表現すると、思いやる心です。それに待つことですし、許すことです。そして時には、適切な方向に仕向けることも含みます。

人の劣等感を理解できる愛の持ち主がコンサルタントになると、クライアントに寄り添い、彼らの感情やニーズの理解に自然と努めて、適切なアドバイスをしようとします。

時には、一緒に泣くこともあるでしょうし、また別のときには、激しく叱責することもあるかもしれません。そして、時にはただ話を聞くということに専念することもあるでしょう。でも、これらはすべて、クライアントへの愛があるからできることです。

ぼっち出身のコンサルタントの先生は、クライアントの気持ちを受け取り、理解し、愛をもって接することで信頼関係をつくり、効果的なサポートができます。

愛のあるコンサルタントは、特定の専門知識を一方通行で機械的に教えるだけでなく、クライアント個人の能力や抱えている事情を考え合わせる配慮もできます。これも愛の現れの1つです。相手の気持ちと事実に寄り添い、それらを踏まえてアドバイスをします。

ところで、**クライアント（client）の本来の語源**をご存じですか？

意外と、ほとんどのコンサルタントの先生も知らないことなのですが、**「他者の保護を受ける者」**という意味があって、転じて「顧客」になっています。

だから、コンサルタントの先生は、クライアントを守る、保護するのがその役割です。つまり、失敗しないように守る、うまくいくように守るということです。コンサルタントの仕事とは、「誰かの幸せの一部分の役に立つこと」だと私は理解しています。クライアントを守るには「愛」はあったほうがいいのです。

「陰キャの共感力の低さ」が武器になる理由

コンサルタントの目的は、クライアントの目標達成をリードすることです。

陰キャやぼっちの人の中には、共感力が低い人もいます。しかし、その共感力の低さが予想外のシナジーを生むことがあります。

私は共感力が低めです。でも、この特性がコンサルタントとしておおいに役立ち、結果として110億円も売れたのです。

共感力の低さは、悪いことばかりではありません。

クライアントへ想定外の利点をもたらします。共感性が弱い人は、しばしば物事を「0か1か」「正しいか間違いか」という見方をする傾向があります。

この思考癖は、問題や課題をより明確にズバッと指摘する能力につながっています。**情緒的な影響をあまり受けず、事実ベースで物事を判断する**ので、クライアントにとって非常に有益に作用することがあります。

共感力が低い人の視点は、時には、クライアントに新鮮な印象を与えます。**不必要な忖度《そんたく》をほとんどしない**からです。**本人が見落としていた可能性を広げる**ことにつなげられます。

「ジョハリの窓理論」の誰も気づかなかった、あるいはスルーしてきた「未知の窓」を明らかにしてしまいますし、本人が知らないフリをして逃げてきた「秘密の窓」も開けてしまいます。

共感力の低い人は、「ジョハリの窓」のクライアントの「未知の窓」「秘密の窓」を開けられる!?

		自分目線（クライアント）	
		知っている	気づいていない
他人目線（あなた）	知っている	**開放の窓** 自分も他人も知っている自己	**盲点の窓** 自分は気がついていないが、他人は知っている自己
	気づいていない	**秘密の窓** 自分は知っているものの、他人が気づいていない自己	**未知の窓** 誰からも知られてない自己

「共感力の低さ」を武器にするときの注意点

しかし、このアプローチは、適切なコミュニケーションとお互いの理解が土台として必要です。そうでないと、クライアントを怒らせたり、傷つけたりするからです。

ぼっちで共感力が低いコンサルタントは、自分の視点を、相手に理解し受け入れてもらうために、ズバッと指摘をする前に、クライアントと目的をきちんと共有し合ったり、自分の特性を開示してトラブルを回避しましょう。

私には後悔する出来事を起こしたことがあります。

ある女性経営者Kさんに、ほとんど気遣いをしないで、東京・自由が丘のカフェでズバズバと問題点と責任の所在を伝えていくと、目の前にいるKさんの瞳から涙がどんどん湧き出てきたことがありました。

そのとき、私は涙の意味がわかりませんでしたが、今では「言い方」はとても大切で、どんなときでも相手を傷つけてはいけないと痛感しています。

ぼっちで共感力が低いコンサルタントは、自分の視点を〝独特で特徴的〟であると自認して、〝諸刃の剣〟であることを理解しておきましょう。

そうすれば、**空気を読まない性質は、クライアントにとって価値ある洞察として役に立ち、感謝される**はずです。そして結果として、クライアントの目標達成を加速させることも可能にする力強い武器にできます。

恋人いない歴＝30年以上で結婚した人が事業化したこと――「ぼっち起業」事業化例①

Qさんが結婚したのは、非モテ期間が30年も経った後のことでした。その経験から、「モテない人専用の結婚相談所」の婚活コンサルタントとして起業しました。

Qさん自身が長い間、モテない経験をしてきたからこそ、同じような状況にある非モテの人たちの気持ちを理解することができます。その経験が、「年齢＝恋人いない期間」の人々を助ける強力なツールとなりました。

Qさんの婚活相談所では、モテない人々が自信を持ってパートナーを探すことができるように、さまざまなサポートメニューを用意。例えば、自己肯定感を爆上げするためのワーク、外見指導、言葉遣い指導、そしてLINEメッセージ指導、デートのセッティング術など、幅広い指導メニューを提供しました。

モテない人たちが恋愛市場で競争力を持つためには、自己理解と自己改善が必要だとQさんは考えています。そのため、クライアント一人ひとりに対してできるだけ個別対応の指導方法を取り、クライアントが自分自身をよりよく理解し、自分自身を改善するための具体的な提案を行なっています。

結果として、クライアントは自信を持ってデートに臨むことができ、最終的には、彼ら自身が望むパートナーとの幸せな結婚を実現できています。

これが、Qさんが「モテない人専用の結婚相談所」の婚活コンサルタントとして活動するようになった経緯と、その活動の内容です。

Qさんは、自分のモテなかった人生経験を活かして、起業しました。モテなかった期間はみじめに感じていたらしいですが、**今ではそれを種にお金持ちになれて、ハッピー**だということです。やはり、人生に無駄はないようですね。

話すのが嫌！　電話恐怖症の人が事業化したこと――「ぼっち起業」事業化例②

コミュニケーションはビジネスの成功に不可欠ですが、直接人と会って話すとか、電話も怖くて嫌だという人はいますよね。私がそうです。

そんな中、セールスライティングの技術を磨くことで、**対面でのコミュニケーションを避けつつ、効果的に自分の商品を売り込む方法**があります。それが「**セールスライティング**」です。話すのではなく、テキスト、つまり文字でコミュニケーションする方法です。

セールスライティングは、読者の注意を惹《ひ》き、興味を持たせ、そして購入してもらうためのテキストを作成する技術です。

ライティングする文章には、商品説明はもちろん、ターゲットの悩みを解消する方法や悩みが解決できたら、その後、どんな未来を手に入れられるかのメリットとベネフィットを含めます。

そして、ホームページやLP、TikTokやYouTubeなどを通じて、ターゲットや見込み客と作成した**テキストでビジネスコミュニケーション**を取ります。

ですので、電話でアポイントをお願いしたり、突然相手からの電話が鳴って対応する必要もありません。だから、**電話恐怖症の人には、セールスライティングの能力は強い"味方"**になります。

Yさんの場合、電話が大嫌いです。電話は、他人の時間に図々しく入り込んでくるからです。Yさんはセールスライティングのスキルを高めて、自分の武器にしたいと思いました。そうすれば、電話はもちろん、対面で話さなくても、ネット経由で売上を得られるからです。

結果、**ビジネステキスト力**を磨いたことで、自分の商品を効果的に売り込むことができるようになり、**月35万円くらいの収入**を安定的に得られるようになったそうです。

Yさんは、ライティングの師匠から次のような金言をもらったことで、どんどん書く力を向上させていったとのことです。

「Yさんね、日本の教育ではビジネス、つまり、何かを売るための国語力をまったく教えていないんだ。ビジネスライティングができない人ばかりなんだよ。だから、ちょっと勉強してできるようになるだけで、他の人とはすぐに差をつけることができるんだ」

この言葉に、Yさんは非常に納得して、コンサルタントの先生のもとでライティングを学びました。その習得した技術を教える講師として今では活躍しています。

セールスライティングは、人と直接話すことが苦手、電話恐怖症の人にとって、ビジネスを行なう上で強力なツールとなります。文章を通じて、自分の考えや思い、商品の価値を伝えることで、多くの人々に影響を与え、実際に買ってもらえ、収入を得られます。

「話すのが嫌じゃなかったら、伝えたいことを伝えるライティングを学ぼうとしなかったでしょう。ましてやライティングを教えて、稼げるポジションを得ることもできなかった」

とYさんは言います。

Yさんが自分の生徒に対して徹底しているのは、**「言語化」のトレーニング**です。

言語化能力は多くの人にとって、難しいスキルの1つです。自分の考えや想いをテキストにするためには、適切な言葉に置き換えなくてはいけません。Yさんがいつも生徒に口を酸っぱくして指導しているのが**「〝例えば構文〟を操れる」ようになる**こと。何かを説明するときに、一般論で説明するとともに、続いて「例えば○○です」と表現することです。そのたとえ表現は、相手の年齢や文化に合わせられれば完璧で、それには基礎教養が必要です。

「あの歯磨きは、紅茶みたいな風味でした。例えば午後の紅茶みたいな味です」

と言えば、30代後半くらいの人にはだいたい伝わるでしょう。

また、

「大谷翔平のストレートはものすごいスピードボールだけど、例えば、阪急ブレーブスだった山口高志みたいだし、西武ライオンズのオリエント・エクスプレス、郭泰源みたい」

とたとえれば、50代以上のパ・リーグファンにはよくわかる表現で、

「読売ジャイアンツの大勢みたいですね」

というたとえ表現では、50代以上のパ・リーグファンにはわからなくなるといった具合です。

あなたと同じ世代の人に、この歯磨き剤の味や大谷翔平投手のストレートを伝えるなら、どんな〝例えば構文〟になるでしょうか？　ぜひ、考えてみてください。

言語化は、相手に伝わることが重要です。そのためのポイントがいくつかあるのですが、観察眼、思考力、語彙《ごい》力などですし、知識と経験もそれらの原動力になります。

セールスライティングでは、それらの他に、営業テクニックはもちろん、ターゲッ

トの理解も必要になります。詳しくは、次の第5章で説明しますので、楽しみに読み進めてください。

対人恐怖症だった人が事業化したこと――「ぼっち起業」事業化例③

Zさんはかつて、対人恐怖症の自分を責めていました。もちろん、苦しんでいました。人と目を合わせることすら苦手で、外出先ではいつも不安と緊張に包まれていました。

しかし、お金を稼ぐビジネスの世界では、コミュニケーションは欠かせません。Zさんはこの障害を乗り越えようという発想は止めて、共生すると決めました。

最初、セールスライティングのスキルを磨き始めました。なぜなら、ビジネスコミュニケーションは、電話や対面だけではなくて、ネット上での「言葉のやりとり」だけでもいいんじゃないか、それなら**セールスに特化した文章力**を養おうと考えたからでした。

徐々に自信をつけ、起業家のTikTokやYouTubeの台本をライティングすることで、自分のビジネスを軌道に乗せました。最近は、動画台本の注文が殺到していて、うれしい悲鳴をあげているとのことです。

さらに、自分と同じように人見知りのぼっちで苦労している人たちに役に立ちたいと**「人見知りの人向けのセールスコーチ」**として活動を開始しました。

Zさんのクライアントは、対面でのセールスが苦手な人たちです。彼らに文章を通じて自分自身や商品を売り込む方法を教えています。例えば、ブログやLP、TikTok台本の書き方です。

Zさんは多くの人が自分の内面の〝壁〟を乗り越え、成功へ導くことに情熱を燃やしています。**対人恐怖症と共生**し、セールスコーチとして活躍するまでの道のりは、簡単ではありませんでしたが、今は人生の苦しみが報われていると感じているとのことです。

あなたも、自分の特性を活かすという考え方を始めてみませんか？

極貧家庭出身者が事業化したこと──「ぼっち起業」事業化例④

極貧家庭で育ったPさんにとって、節約はまさに生きる術《すべ》でした。

食べ物を無駄にしないこと、水道や電気は極力使わないこと、そして何よりも、お金の無駄遣いは絶対にしないことなどは、Pさんが幼い頃から、工夫しながら長年実践してきたことでした。

これらはすべて、Pさんが売れっ子の「節約術」講師になれた基礎を築きました。Pさんにとって、**極貧生活のすべてが〝最高の教師〟になった**ようです。

節約術の講師として、Pさんは人々に次のようなことを教えています。

①予算を立てる。収入を上回る生活をしないよう支出を管理する。

②買い物リストを作成する。必要なものだけを購入する。でも、極力買い物をしない。

③欲望をコントロールする。衝動買いを控えるため、ウインドウショッピングはし

ないし、広告も見ない。
④自炊をする。外食はしない、家で食事をつくる。
⑤エネルギーを節約する。電気代を減らすために昼間、活動して、日が暮れたら寝る。冷暖房は図書館や駅の無料スペースを活用する。

Pさんにとっての節約術は、自分にとってのただの技術ではなく、人生を豊かにする哲学のようなものです。Pさんは、節約術講師として女性の集まりに引っ張りだこで、もう10回以上は講演をしているとのことです。

リモートコンサルなら、人見知り、出不精のぼっちも、お客様にできる

あなたが、もしコンサルタントになって、何かを教えるときにZOOMやTeamsなどでリモートコンサルをするなら、人見知りや出不精の人たちも集客できます。

リモートコンサルは、顧客との物理的な距離を気にすることなく、それぞれ都合の

いい場所からコミュニケーションを取れるので、私たちぼっちや陰キャにも非常に便利です。

リモートコンサルティングでは、ZOOMなどのビデオ通話やLINEやViber、Facebookなどのメッセンジャーも活用して、顧客とのコミュニケーションを行ないます。

これにより、人見知りの人たちも、直接対面することなく、また出不精の人にとっても、外出することなく、あなたのコンサル指導サービスを受けることができて、コスパもタイパも高くて、とても使い勝手が良くて便利です。

【リモートコンサルのメリット】（コンサルタント側）

①時間と場所の自由度が高まる。
②移動時間の削減。
③幅広い地域のクライアントを集客できる。
④人見知りや出不精の人も集客できる。

例えば、私と顧問契約をしているクライアントのうち、およそ半分は私の指導をリモートコンサルの形で受けています。

リモートコンサルを希望するクライアントの主な理由は、「移動のための時間と費用を削減できること」と、実はそれよりも大きな理由は「移動するのがめんどくさいこと」と、「リアルの対面で会うのが苦手、または嫌だ」ということがあります。

このように、リモートコンサルティングの手法は、人見知りや出不精の人たちにとっても、安心してサービスを受けられるため、コンサルタントは集客の幅を広げるのに非常に有効になります。

注意点を1つだけ挙げるとしたら、相手によっては意思疎通の難しさを感じたり、信頼関係を深めるのに、リアルの場合よりも月日が多く必要になるかもしれないことです。この**解決法は、自分と価値観が合う相手をきちんとターゲティングして集客しておくこと**に尽きます。

ちなみに、**私のクライアントは、だいたいぼっちな陰キャな人ばかり**です。

第5章

「ビジネスライティング力」こそ、ぼっち起業家の売上をつくる

なぜ人見知りは、ライティングセンスがあるのか？

人見知りって、初めての人や環境に対して不安とか恥ずかしさを感じやすいですよね。ぼっちは、一人でいることが好きな人。

こういう特性を持っている人たちの多くに、もちろん全員ではないのですが**「ライティングのセンスがある」**、私はそう考えています。

なぜなら、人見知りやぼっちの人の特徴とライターに向いている人の特徴の重要部分が合致しているからです。

ライティングの具体的なスキルを下支えする最も重要な要素に

「一人で黙々と作業を進められる」

ことがあります。

これって、人見知りやぼっちの人そのままじゃないですか。

それに、**分析や妄想好きとか、思考力の強さとかも、人見知りとライターに向いている人の合致ポイント**になっています。

ただ、人に会って取材をする記者のようなライターには向いていないでしょうが、ネットの世界の中から調べることであれば、人見知りやぼっちの人は得意な人が多いので、これもライター向きと言えます。

人見知りの人は、**深く内省的で、自己理解が高く、他人の感情や動機を察知し、受信する能力**があります。

これらの特性は、**ライティングするための深い洞察力と感受性**をもたらします。

人見知りやぼっちの人は、自分自身の思考と感情を言葉にすることで、読者に共感を呼び起こすストーリーをつくり出すことができます。

それに、〝積極的ぼっち〟の人は、一人で過ごす時間を大切にします。

これは、創造的なプロセスにとって重要な要素であり、新しいアイデアを思いつき、形にするタイミングを生みます。ぼっちは、社交的な状況から距離をおいて、自分自身の世界の中に深く潜ることを得意としています。

例えば、私は次の項目すべてに当てはまっていますが、あなたはどうでしょうか？チェックしてみてください。※3つ以上当てはまれば、あなたにはライティングセンスがあります。

□一人で黙々と作業を進められる（共同作業は不向き）。
□分析好き（細かなことが気になる）。
□妄想好き（空想を楽しめる）。
□思考好き（ロジックにこだわる）。
□ネット検索好き（情報収集好き）。
□自己理解が強い（自己分析好き、内省的）。
□他人の感情を察知しやすい（エンパシーが強い）。
□一人時間を大切にしている。
□人が集まる場所とは距離をとって、自分だけの世界を楽しむ。

これらは、ライティングセンスを下支えする要素で、トレーニングして得られるようなテクニックではありません。こういう特性を持っている人が、実際に自分の考えや思いをテキスト化するための**ライティングのちょっとしたコツを学べば、すぐに書**

けるようになってしまいます。

もちろん、人見知りの全員がライティングのセンスの持ち主とは限りません。そして、センスが潜在的にあっても、経験、努力が最終的な結果を左右します。

人見知りの人がライティングに挑戦するとき、自身の内省的な性格と感受性は、ライティングの豊かな土壌になります。

ライティングスキルを身につけると、このスキルは**ビジネス、つまり、お金儲けのための強力な武器**になります。それは、リアルのセールストークや電話などをほとんど不要にしますし、実際に見ず知らずの人ばかりの交流会に出かけていく必要もなくなります。

あなたがライティングセンスを持っていそうであれば、本章で紹介するビジネスライティングのコツやテクニックを身につければ、すぐに「書ける力」は備わります。

人見知りやぼっち、陰キャの人には、あまり話さなくてもいい、むやみに話さなくても**稼げるライティング**で、お金持ちになって人生を逆転してほしいのです。

ビジネスライティング力で、仕事の8割は布団の中で済む

ビジネスライティング能力を活用して、**仕事の8割を布団の中で済ませているのが私ですが、**あなたは驚きますか？

何を隠そう、たった今、この本の執筆も布団の中でしています。**私は布団の中から、毎月、何百万円も稼ぎだす〝種〟を蒔《ま》いています。**

私は、早朝から深夜まで、布団の中からスマホで、仕事をしています。ブログを書いたり、連絡業務を行なったり、プレゼンやコンサル指導に必要な資料のプロットを考えたりもしています。

これらの作業を、布団の中で寝転びながら、スマホで行なうことができる要因は、2つあります。

まず1つ目が「ビジネスライティング」の能力があるからです。そして、もう1つ

は、スマホの操作に関するリテラシーが高レベルだからです。

布団の中でスマホを使って、さまざまな業務を処理するスキルがあると、起きている時間の9割を仕事に費やすことができます。これは、自宅起業の大きなメリットです。究極に移動時間を削減することができます。自分の時間を最大限、有効に活用することで、より多くの仕事をこなすことが可能になります。

「ぼっち起業」予備軍＆1年目のあなたへ

私はあなたに言いたい！

「成功したければ、とにかく働くこと」だと。

少なくとも最初の1年目は。

仕事の質は、量を積み重ねていれば自然と高まります。仕事量を確保するために時間を確保することから、あなたはやらなくちゃいけません。寝ても覚めても仕事ができるように、私は布団で仕事をしています。


目覚めたら仕事！

目覚めたら仕事‼
目覚めたら仕事!!!

というふうに、私は仕事に取り組んでいます。

このように、自宅で起業したコンサルタントがビジネスライティングとスマホリテラシーを身につければ、大量に仕事をすることが可能です。

布団の中から大金を稼ぎ出すことは、夢ではありません。わざわざ出かけて行って、人に会って、何の意味もない生産性ゼロの1日だったというのは、よくある話です。

でも、そんなバカみたいな時間の使い方をするのは、私は絶対に嫌なのです。なぜなら、**「時は命」**だからです。

また、**布団の中やソファで寝転がりながら、仕事をすることに罪悪感を持つ必要はまったくありません。**

成果を出せば良いだけですから。でも、健康上の問題には気をつけたほうがいいでしょう。朝一番は、太陽の日を浴びて、テストステロンの分泌を促しましょう。私がやっている工夫は、カーテンを開けて寝ていることです。

突っ込みどころ名刺は、コミュニケーション誘導装置

人見知りで陰キャなぼっち起業家でも、時には知らない人と顔を会わせざるを得ない場面があります。異業種交流会や食事会に仲のいい人や取引先の人から誘われることもあるでしょうし、あなた自身が積極的に興味あるセミナーや勉強会に参加することもあるからです。

こういうとき、チャンスは少なからず落ちているものです。

だったら、できるだけ拾いたいですよね。でも、初対面の人たちと最初からわいわい打ち解けて話せるような性分ではない私たちは、やっぱり孤立しがちです。何の仕掛けもしないと、**誰とも話さないで、一人で食事だけ、勉強だけして帰ってくるようなことにもなりがち**です。

そこで、私が15年くらい前に考えたのが、**「突っ込んでね、名刺」**です。

突っ込みどころ満載の名刺をつくって、ほんの数人でいいので手渡すことをしました。この名刺の主旨は**「話しかけてもらうこと」「質問してもらうこと」**で、つまり〝突っ込み〟を入れてもらって、自分から話さなくても、相手と会話がスタートする状態をつくり出すことに狙いがあります。

自分から、どうでもいい話題でとりあえず話しかけるのに、私は抵抗があります。書いてあることをなぞって、相手に質問をするというやつです。

例えば、相手の名刺に「コンサルタント」と書いてあれば、一般的には「コンサルタントの先生なんですね、どんなことを教えていらっしゃるのですか？」と話しかけるのは〝お作法〟ですが、私はこういうのが嫌いです。なぜなら、相手にそれほど関心がないからですし、特に知りたくなっていないからです（笑）。

でも、とは言え、図々しくて調子がいい話ですが、自分の売上は加算させたいので、相手の話を聴くのではなく、自分の自己紹介やサービスの説明をする場面はつくりたいわけです。

そこで、大活躍するのが「突っ込んでね、名刺」です。

この名刺には、受け取った相手が質問しやすい、違和感を覚える、褒めやすい〝ネタ〟をたくさん放りこんでおきます。

◉ロゴ。
◉会社名または屋号。
◉肩書き。
◉キャッチフレーズ。
◉実績。
◉理念や目的、コンセプト。
◉その他（出身地や趣味、ライフスタイルなど）。

会社名や個人事業主の場合は屋号ですが、このネーミングは重要です。何をやっているかわかりやすく想像がつくことが、起業したばかりのタイミングでは大切です。
私の場合、「ネット通販の魔術師 G.K」です。「魔術師さんなんですね？」とか「G.K はゴールキーパーですか？」と大概は疑問に思われ、話しかけられます。

肩書きでは、合同会社の場合、法的には「代表社員」が社長の正式名称なのですが、代表社員と記載しておくと、あまり浸透していないので、「代表社員？　代表ですか？　社員ですか？」とほとんどの人に聞かれます。

今、活用している名刺では肩書きを「ぼっち起業家」としています。名刺を受け取ったら、すぐにひとり言のように「ボッチキギョウカさんって言うと？」と言ってくれるので、そうなると私にチャンス到来です。

「自分自身が、ぼっちで陰キャなので、人見知りや陰キャ、ぼっちの人たちの起業コンサルを始めました」と、**事前に考えておいた挨拶を相手にし始めるという作戦**の発動です。

その他、名刺には実績を必ず書いておきましょう。

人は、あなたの性格や話し方よりもビジネス上での実力に興味があるからです。理念や目的に反応してくれた人とは、多くの場合、価値観が合っています。私の場合、「片手間ダメ！　ど根性®」が理念ですが、名刺に必ず書いているので、楽々稼ぎたい人とは仲良くはなりません。

私がぼっちとして工夫した点は、電話番号もメールアドレスも名刺に書かない点で

私の名刺（表）

私の名刺（裏）

す。こうすれば、気軽に連絡してくる人をシャットアウトできます。私に連絡したい相手は、SNSを調べるひと手間をかけて、連絡をくれる人で、私に関心が強い人なので仕事につながりやすくなっています。

名刺は、起業家にとって非常に重要なツールです。なぜなら、**受け取ったら相手は100%の確率で、目を通してくれる媒体だから**です。名刺以外にはそんな媒体はありません。

だから名刺は、自分から話しかけるのが苦手と言うのなら、必ず、〝突っ込みどころ〟たくさんの「突っ込んでね、名刺」をつくって、毎日持ち歩いておきましょう。あとは、その名刺について〝話しかけられ、ホイホイ〟として使うだけです。

話したくなかったから、LPをたくさん仕掛けた

私は、できるだけ無駄に話したくない陰キャなぼっちです。話したくないから、話さなくても売上を得られるLPをたくさん仕掛けました。LPは、コンサル指導の申し込みや注文を受け付けるための専用のWebサイトです。LPは、landing pageの略で、縦長のページになっている特徴があります。

私は起業した当初、指導を受けていた起業コンサルタントのM・A先生から

「Webサイトは自分の代わりに24時間365日文句も言わずに、もちろん有休も取らずに働いてくれるセールスマン」

だと、Webサイトの価値を叩き込まれました。

そこで私が考えたのが、「それなら、営業マンは多いほうがチャンスをよりたくさん拾えるのでは……」というものでした。

私はコンサル指導の申し込み受付専用サイトであるLPを徐々に増やしていきまし

セールスマンもＬＰも、
数が多いほうが売上が上がる

セールスマンは、一人よりも多いほうが
売上が上がる可能性が高まる

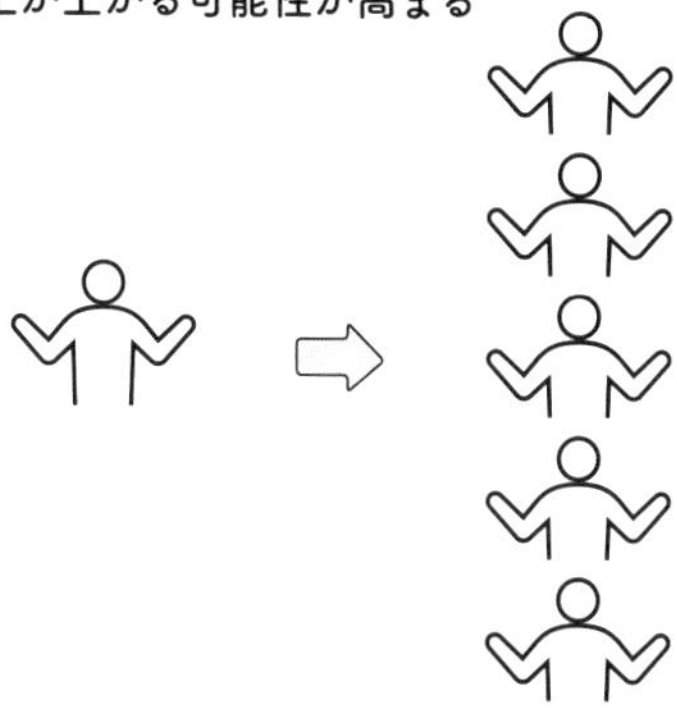

ＬＰは、１つよりも多いほうが
売上が上がる可能性が高まる

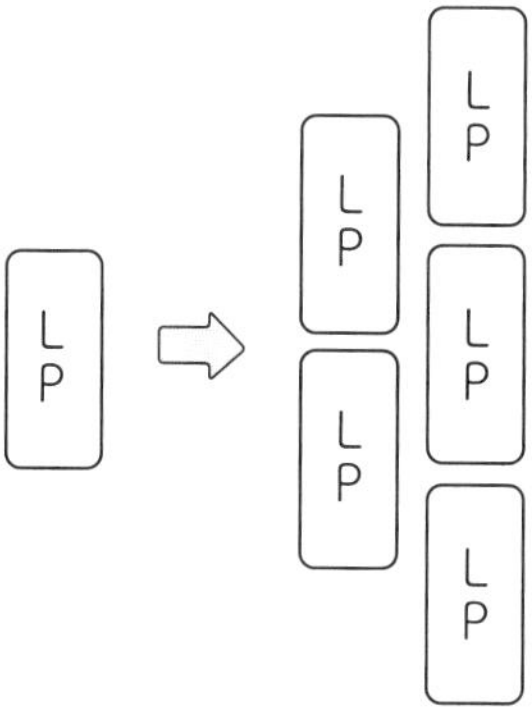

た。合計で5つ以上のLPをネット上に置いて売り上げるための〝網〟をかけました。**それぞれのLPは、ターゲット別にこしらえました。**売りたいものは、すべてコンサル指導サービスです。

例えば、ネット通販未経験者向け、ネット通販運用中の方向け、楽天市場ショップ向け、医師向け、士業向けといった具合です。

ターゲットが変われば、悩みや目標、それに事例も違ってくるので、当然、LPにライティングする〝言葉〟も違ってきます。

普通によく見られるLPではなぜ、高いコンバージョン率で受注することができないか？

それは、広い範囲で想定したターゲット向けに、汎用《はんよう》的な言葉でLPがライティングされているからです。例えば、ネットショップオーナーに魅力を感じてもらえる言葉や事例と、税理士から申し込みを得たい場合、それらは全然違うので、LPもターゲット別につくるほうが受注率は変わるに決まっています。

これは、リアルのセールスマンであっても同じです。同じ物品を売ろうとする場合、その相手によって魅力に感じる言葉は異なりますよね。わかりやすいたとえで言えば、

「指輪」を売る場合です。女性にセールスする場合なら「頑張った自分へのご褒美としてどうですか？」ですし、男性へセールスするなら「恋人や奥様へ感謝の気持ちとしてのプレゼントにいかがですか？」となります。

ＬＰの一般的構成

ＬＰの構成はページの上方から、①ファーストビュー、②ボディ、③クロージングとなっています。

①ファーストビュー

アクセス者が最初に目にする箇所で、キャッチコピーやアイキャッチ、ＣＴＡボタン（申し込みや問い合わせなどをするボタン）を設置します。アクセス者が下方の続きを読むかどうかは「３秒以内で判断する」と言われているため、魅力的なファーストビューが必要です。

②ボディ

コンサル指導などのサービス情報を記載します。導入文、仕様、事例など、商品説明に関する内容を紹介します。

③クロージング

アクセス者にアクション（申し込み）を促すためのレイアウトです。よくある質問や入力フォームを設置して申し込みを獲得します。

「LPは1つあれば十分」「LPは1つであるべき」という思い込みをしている稼ぎが悪いコンサルタントは少なくありません。あなたは、LPをたくさん用意して、その他大勢から抜け出しましょう。

公開！　成約できるDMセールス——テキストの型

私はDM（ダイレクトメッセージ）で、よくセールスをします。

例えば、半日で10万円の「コーチ・コンサルで成功するための5ステップ勉強会」

あなたに代わって集客するセールスマン！
LP（ランディングページ）の基本構成

（1）ファーストビュー	アクセス者が続きを読むかどうか、 ３秒以内で判断する最重要箇所
（2）ボディ	商品・サービス情報を盛り込む箇所、 事例や商品説明もここで紹介。
（3）クロージング	アクセス者に申し込みを促す箇所。 Q＆Aや入力フォームを設置して申し込み獲得。

をＤＭで30人にセールスしたときには、22人がＤＭだけで申し込んでくれました。

そのときに送ったセールスメッセージは、まさに私が何度も何度も試行錯誤を繰り返した結果、たどり着いた「型」に基づいたものでした。

その「型」をここで公開します。

あまりにも単純すぎて、８割以上の人は驚きますし、疑います。でも、いつもこの「型」でセールスして、高い成約率を得ているのだから仕方ありませんよね。

【ＤＭセールス「テキストの型」】

「○○○○さん、あなたの（……相手の課題点……）を解決するために、私に（……提供サービス名……）をセールスさせてください。

私がこの提案ができる根拠、理由は、私には（……課題の解決を期待させる内容……）の知識や経験、実績があるからです。

そして、私がこの提案をあなたにしたい理由は、それがあなたの（……悩み……）を解決して、（……相手のビジョン……）を実現してほしいからです。

もし、○○○○さんが（……相手のビジョン……）を実現できたとしたら、良くないですか？」

そして、仕様を記載します。勉強会やセミナーであれば、日時や場所、内容の項目、そして、料金と決済方法も書きます。

この「型」を送って成約するために、最も大切なことは何か？

それは、あなたが「自分のコンサル指導サービスや勉強会が相手の役に立つ」と〝信じる〟ことです。

付随して次に大切なことは、〝**タイミング**〟です。

ターゲットが、自分の問題点に気がついていて、解決したいと思っていそうなタイミングで、セールスメッセージを送ります。水を売るなら、喉が渇いているときのほうが売れますよね。風邪薬は、風邪をひいたときにほしくなるものです。

その他、私はセールスをしたいとき、リアルであれZOOMであれ、事前のアポイントメントを取りたいときには、相手にはっきりと「セールスをさせてほしいので、アポをお願いできないですか？」とＤＭしています。

この意図は、セールスを望まない相手に時間を割くことをしなくても良くなりますし、セールスしたいと申し出て、アポに応じてくれた相手なら、成約できる確率が高まっているからです。

ＤＭ作戦で「リピート申し込み」の行列ができる

新規顧客を獲得するよりも、既存の顧客からのリピート（再注文）を得るほうが5倍も容易です。言い換えると、新規顧客の獲得はリピートされるよりも5倍困難という**「1：5の法則」**がマーケティングでは定番です。

つまり、**新規顧客の獲得は、リピートを得るよりも5倍もの労力が必要**なのです。

そのため、私はいったん新規顧客になった人や会社に対して、リピートしてもらえるように、細心の注意を払っています。

リピートしてもらうために最も重要なことは、顧客に対して明確なメリットを提供することです。しかし、それだけではなく、もう1つ重要なことがあります。

それは、**顧客にとって「頼りになる存在」になること**です。

つまり、**あなたが役立つ〝使える人〟になること**、そして、〝いなくなると不安を感じさせる存在になる〟ことです。

私は、クライアントそれぞれの悩みや弱点、課題、そして希望をほとんど理解しています。それは彼らのSNSをよく観察していますし、オンラインでもリアルでも、コミュニケーションを重ねているからです。コミュニケーションと言っても全然たいしたことはやっていません。短めな一往復を週に数回やっている程度だから、誰にでもできます。

そして私は、彼らの課題などについて常に関心を持ち続けることで、それらに関連する情報に敏感になっています。その結果、クライアントにとって有益そうな情報がインターネット上にあると、すぐにそれをキャッチすることができます。

私は、その情報のURLをクライアントにDMすることで、クライアントに対する関心や配慮をアピールしています。これにより、クライアントは、私が自分のことを気にかけてくれていると感じ、私はクライアントにとって頼りになる存在となり得ます。結果、クライアントが私を信頼し、契約をリピートしてくれるようになっていきます。実際、**新規顧客になった人のうち、およそ8割は契約を更新**してくれていて、まさに、行列をつくって待っていてくれている状態なのです。

例えば、クライアントの歯科医師には、歯科業界に関するニュースや一般の人が疑問に感じてSNSに書いたことを知らせていますし、彼の趣味が筋トレや爬虫類《はちゅうるい》なので、それらに関する情報も知らせています。他の女性税理士は、日本酒好きなので日本酒に関する情報を送り、別の実業家にはAIライティングのことと株式市場に関する内容を知らせています。

DM作戦の注意点

しかし、この作戦には注意が必要です。

それは、**適切な「距離感」を保つ**ことです。情報を提供するだけで、自分の意見や感想を述べることは避けます。なぜなら、それは相手の領域であり、素人の私が口出しするべきではないからです。また、提供した情報について深く議論する能力が私にはないからです。

このDM作戦の目的は、「あなたのことをいつも気にかけていますよ」とアピールすること、そして、「単純接触を絶やさないで維持すること」にあります。

これが、私の「DM作戦」です。私はクライアントが私を信頼し、頼りにする存在だと認識させることで、難しい新規顧客の獲得が減ったとしても売上は減らないように工夫をしています。

この戦略は、気遣いをする、クライアントに関心を持つかどうかだけです。作業はURLをコピペしてDMするだけですから、あなたもぜひやってみてください。クライアントとの良い関係をつくれて、その上、売上が安定しますから。

次世代ぼっちの必須スキル、AIへの「プロンプト力」

あなたは、もう生成AIをビジネスや日常生活で活用していますか？

もしまだなら、ぜひ使い始めてほしいのです。私の場合、ブログのライティング、

TikTok台本の作成、そして、パワーポイントの企画書作成などに使っています。

ChatGPTから使い始めて、Claude3、ブンゴウなどいろいろと触り、結局のところは**Copilotを日常使い**しています。

Copilotは、マイクロソフト社によるもので元々は「bing chat」と呼ばれていた生成AIです。

生成AIを活用してビジネスライティングをするメリットの第一は、ほしい結論を得るまでの**時間が飛躍的に短縮できる点**です。時短の効果は格別で、とても大袈裟に表現すると、今まで何度も検索しながら思考を重ねてライティングしていたことが、たった数秒で終えることさえあるほどです。

生成AIは、大量のデータから学習し、人間が書いたようなテキストを作成してくれます。これにより、メッセージ作成や資料作成など、時間のかかる作業を効率化することが可能になりました。

しかし、生成AIの活用には、注意が必要です。**生成AIはあくまでも〝道具〟**に過ぎません。AIの学習に問題があれば、生成される成果物には問題点が含まれます。

つまり、間違えるということです。実際、結構、間違っていることが多いのです。**道具を使うのは、人間、あなた次第**です。

生成ＡＩをうまく使いこなすには、あなたからのプロンプト（指示）が大きく影響を及ぼします。これからのぼっちは、この「**プロンプト力**」を高めておかないと、時代に取り残されてしまうのは必至でしょう。

でも、安心してください。私が試行錯誤して得た結論として生成ＡＩへのプロンプト力は、**普通の思考力とコミュ力があれば問題はありません**。

プロンプトには、あなたがしてほしいことを５Ｗ１Ｈで、明確に書き込むことが原則です。あなたに理解しておいてほしいのは、ＡＩはあなたの指示どおりに働いてくれるということです。もし期待したような結果をＡＩがもたらしてくれないとしたら、プロンプトに不足や問題があると考えてください。

効果的なプロンプトを作成するための基本的なガイドライン

◉Who（誰が）主語や行動を起こす人物。
◉What（何を）行動や事象。
◉When（いつ）時間や期間。
◉Where（どこで）場所や状況。
◉Why（なぜ）目的や理由。
◉How（どのように）方法や手段。

これらの要素を明確にすることで、ＡＩは具体的で詳細にライティングしてくれます。ただし、すべてのプロンプトに、必ずしも５Ｗ１Ｈを含む必要はありません。

情報が多すぎると、読み手が混乱する可能性もあるため、適度な情報量を心掛けることも大切です。このバランスを見つけることが、効果的なプロンプト作成のカギと

生成AIにコラムを書かせてみた

5W1Hを使ったプロンプト

以下の要旨で、500文字くらいでコラムを書いて下さい。

Who・ぼっち起業家が
What・会社経営を続けられた成功ポイント
When・20年間にわたって
Where・一人で、自宅を事務所にして、
How・片手間ダメ！ど根性の方針

AI（Copilot）を生成したライティング（1回目の回答）

独りでも諦めない：ぼっち起業家の20年

20年間、一人で自宅を事務所にし、ぼっち起業家が会社を経営し続けることができたのは、片手間ではなく、ど根性で取り組んだからです。

成功の秘訣は、以下のポイントに集約されます。

・自己管理の徹底：自宅での作業は自己管理が必須、計画的に仕事を進め、プライベートとの境界をしっかり引くことが重要です。
・目標設定と振り返り：長期的なビジョンを持ち、定期的に目標を設定し、達成度を振り返ることで、モチベーションを維持します。
・ネットワークの構築：一人でも、他の起業家や専門家とのネットワークを築き、情報交換や協力を行うことが成功につながります。
・柔軟な思考：常に市場の変化を捉え、柔軟にビジネスモデルを変えることで、時代に適応し続けることができます。

これらのポイントは、どんな困難にも負けず、一人で立ち向かう勇気と、絶え間ない努力があれば、成功は可能であることを示しています。独りでも、ど根性で夢に向かって進むことの大切さを、このぼっち起業家の物語は教えてくれます。

なります。

例えば、こんなプロンプトを書きました（前ページの図の上）。

前ページの図の下がＡＩ（Copilot）の生成したライティングです。これは、Copilotからの1回目の回答です。

あなたがＡＩを活用するとき、「一発回答」を望まないことも、ＡＩを上手に使う上で大事な姿勢になります。あなたは**プロンプトを通じてＡＩと会話を重ね、だんだんとほしい結果に近づいて**いきましょう。

直したいこと、付け加えたいことがあれば、プロンプトに書いてＡＩに教えます。もしＡＩがあなたの意図を誤解していそうなら、そのことも指摘して、何回かプロンプトを書き直します。そういうステップを踏みながら、あなたは理想的な結果をＡＩから得るという具合です。

ＡＩのプロンプト力を高めると、自ずとあなたの言語化力やコミュニケーション能力も高まっています。**ぼっちと生成ＡＩの相性はとてもいい**、と私は思います。

文章が苦手でも大丈夫！
小学1年生でもできるライティング法

文章を書くことは、多くの人にとって難しい作業です。

しかし、伝えたいことを明確にするための文章作成術はあります。それが、小学1年生が絵日記を書くように、シンプルで直接的なライティングをする**「箇条書きライティング法」**です。

箇条書きライティングの利点は、次のとおりです。

◉読み手に対して直接的で明確なので、伝えたいことが伝わりやすい。
◉複雑な長文になったり比喩《ひゆ》表現を使わないため、誤解が減る。
◉句点の位置の誤りが少なくなり、意味が変わる心配がない。

ビジネスの場では、相手に自分の考えや意図を正確に伝えることが大切です。ライティングする前に何を伝えたいのかの目的を明確にしましょう。そして、不要な情報は省き、必要な情報だけに絞ります。

美しい文章や感動的な表現を相手は特に望んでいません。そんなことよりも大切なのは、相手に自分の考えや思いを誤解も不足もなく、正確に伝えることです。

格好をつけず、素朴な箇条書きライティングの方法を取り入れてみましょう。それが、**最も効果的なテキストコミュニケーション**だからです。

箇条書きができないのは、考えが整理できていない証拠

この方法を繰り返すことで、ビジネスライティングのスキルが高まります。なぜなら、自分の考えや思いを明確にして、言語化できていないとシンプルな箇条書きはできないからです。

箇条書きができないということは、あなたの考えが整理されていなくて、まとまっていないことを意味しています。意外に思うかもしれませんが、箇条書きができない

人は相当数います。

私は、箇条書きライティング法を何かの発言や発表をする直前にも利用しています。例えば、自己紹介を求められそうなとき、セミナー受講中、意見を求められそうなときなどです。

陰キャで口下手で、焦って話し始めると、話があちこちに行ったり、一文が長くなりすぎて、結局、何が言いたいのか、わけがわからなくなってしまうことが、私には多いのです。

今でも覚えているのですが、就職のときの面接で、自分としては一生懸命に長々と話し終わった後に、面接官のI専務から「まったく意味がわからなかったよ。下手な落語かと思った」と指摘されたことがあったくらいです。

でも、今ではそうなった原因はわかっています。何を伝えたいかの目的や方針を決めていないのに、話し始めたのが原因です。

箇条書きライティング法は、あなたが誰かに意見を伝えるときにも、頭の中でも、実際にメモ書きしながらでも使えますので、話すとき、緊張したり話が迷走してしまう癖があるなら、ぜひ実践してみてほしい方法です。

テキスト交渉術は「出会いアプリ」でトレーニング

私は、セールスも交渉事も、人と比べると得意なほうだと思います。
でも、最初からそうだったわけではありません。起業当初は、リアルトークではない、テキストのeメールやメッセージでさえ、オドオドし、緊張していました。本当に「回数」を積み重ねて、「場数」を踏んで、身につけた結果、テキストで交渉してセールスをするのが得意になりました。

セールスで断られるのは、本当に「普通」のことです。9割以上、断られるかもしれません。

私は**eメールやメッセンジャーでのテキスト交渉力を、いわゆる〝出会い系〟でトレーニング**を積みました。コンサル指導サービスという商品を売るのは、目に見えないものを売ることです。これは、恋愛で〝自分を売る〟のと、ほとんど同じことだと考えたからです。

そのときに実践したことは、ビジネスで売上をつくっていくときの考え方とやり方と、とても似ていました。


◉目的の設定。

◉目標値の決定。

◉戦術の方針の決定。

◉ターゲットの理解。

◉進捗状況の管理。


目的は、実際に会って割り勘で食事をすること。

目標数値は、毎週新たな一人の女性とリアルで会うこと。

戦術面は、自分の出会い系上での人物像を設定して、何から順にテキストで伝えていくか、相手に何を質問するかをパターン化しましたし、損切りの基準も事前に決めて、目的と目標が叶いそうではないと判断したら深追いしないようにして、無駄な時間とお金を使わないようにしました。

ターゲットの理解とは、相手のニーズを把握することですし、相手の価値観やカルチャー、ライフスタイルや収入などを、テキストで会話していく中で、情報として収集していきました。

コンサル指導サービスをセールスするときと同じなのですが、「会いましょう」と相手をクロージングするのに、タイミングはとても大切なので、ターゲットとのテキストによる会話を、当時は**「専用のノート」**をつくって、人別にどこまで進んでいるかを進捗管理もしていました。**ビジネスでの顧客管理のデータベースにあたるのが、このノート**でした。

結果的には、2年間で約100人の女性と食事をしました。これも最初はうまくいかず、テキストの言葉を変えたり、伝えるタイミングを変えたり、またターゲットをより絞り込んだりして、戦術面の改良を重ねた結果、どんどん会ってもらえるようになりました。もちろん、割り勘で（笑）。

恋愛とビジネスの共通点

私は、この経験から得たノウハウとテクニックを、起業してからセールスや交渉事に最大限活用しています。

例えば、最初の印象は、テキストであってもとても大切なので、プロフィールは整えておく、嘘をついても結局はバレるので、最初から嘘は言わないようにする、物別れになるのなら、できるだけ早い段階で決裂したほうがお互いの時間もお金も無駄にならない、などは、生産性が高いビジネスを進めていくのにとても役に立った経験になりました。

セールスするためのコミュニケーション能力、つまり、交渉力は、恋愛をうまく運んでいくスキルとほとんど同じです。**相手を理解して、相手のニーズに応える**のは、恋愛もビジネスも同じだからです。

恋愛アプリでのトレーニングは、自分をアピールし、相手に興味を持ってもらうスキルを磨くプロセスです。同様に、セールスではターゲットに対して魅力的なコミュニケーションを行ない、コンサル指導サービスに興味を持ってもらう必要があります。

起業して、うまくいっている社長は、恋愛もうまくいっているケースが本当に多いです。

それは、**相手を理解**して、交渉する能力に長《た》けているからです。

出会い系は、使い方によっては交渉力をおおいに養ってくれます。安全に気をつけて、あなたも活用してみるのは楽しいのではないでしょうか？　課金をしないで、目標達成することが、あなたの実力をハイレベルに養います。

第6章

成功する「ぼっち起業家」のお金と時間の使い方

お金は「道具」と考える

あなたは、お金をどう理解していますか？　つまり、お金って、どんな存在だと定義していますか？

「あなたにとって、お金って何？」という問いに対して、ほとんどの人は改めて考えて結論付けたことがありません。なぜなら、家庭でも学校でも、あまり話題にしないからです。

この答えは、あなたが今後、ぼっち起業して成功するためにとても重要です。

お金について偏見があると、お金を上手に稼げませんし、上手に使えません。例えば、お金を過度に重要視、つまり、大切で重要なものと考えること、逆に、お金やお金儲けは汚くて、醜悪なものだと軽視する考えを抱いていても、起業してビジネスを成長させるのに悪影響を及ぼします。

お金とは、欲しい情況や品物を手に入れるための交換ツールで、単なる道具です。

お金、例えば、硬貨や紙幣自体は私たちに何もしてくれません。食べて栄養になりませんし、病気を治すことだってしてくれません。

お金はあなたに、他人の努力やサービスを入手するための交換ツールになってくれています。お金を渡せば、農家が生産した野菜を手に入れられますし、頭が良い人たちによってつくられたパソコンやカッコイイいい自動車にだって交換できます。こういう**交換ツールとしての機能を理解し、適切に扱える人が一流の成功起業家**になっています。

お金を過度に大切なものと考える人が起業すると、ビジネスに必要な事業投資を行なうことにためらいを感じて、チャンスを逃してしまいます。そういう人は、お金を使うことに罪悪感が強かったり、節約の名の下に必要な支出をケチって、ビジネスの成長を抑制してしまいます。また、「お金を減らしたくない」という気持ちから、脱税などの不正な行為に走ることさえあります。

一方、お金を汚いものと見なす人が起業すると、自分の能力の価値を適切に評価できず、例えば、販売するコンサル指導サービスの価格設定を安くしすぎてしまいます。そして、利益を追求することに罪悪感や引け目を感じ、自分の価値を十分に市場やターゲットにアピールすることができなくなってしまいます。これにより、自分自身とビジネスの成長の機会を逃します。

お金に対する健全な態度を持つ

お金を単なる交換ツール、「道具」として認識している人たちは、お金を稼ぐことに対して健全でバランスのとれた認識を持ち、自分のビジネスの機会を最大限に活用できます。

なぜなら、**必要な事業投資を行ない、自分が販売するコンサル指導サービスの価値を適切に評価し、ビジネスを成長させるための資金を回し続け、収益を増やし、事業を継続できる**からです。

このようなバランスのとれたお金の考え方、扱い方が、起業して成功する人の定番で、多くのその他大勢の人たちとは異なっている点です。

繰り返しますが、結局のところ、お金は私たちの夢や目標を実現するために途中、介在する手段に過ぎず、道具です。道具であるお金をどのように扱うかが、ビジネスそのもので、経営ということです。

お金に対する健全な態度は、起業して成功するための重要な前提条件です。お金を適切に管理し、使うべきときに使って、あなたはあなたのビジネスの価値を高め、ターゲットの役に立ち、社会に貢献して、ひいてはあなた自身の価値を高めたいと思いませんか？

私は、自分の価値を高めることが自分の尊厳で、生きる意味だと考えてきました。

おごる相手がいない分、広告費に投資する

ビジネスでは「お金」の使い方、資金の使い道が非常に重要です。

特に**起業して初期段階では、お金は限られていて、その使い方一つで将来を大きく左右**します。

私が起業したとき、友達はいなかったですし、恋人は堅実な人でしたから、おごるような場面がなくてラッキーでした。もし、あなたに友達がいるとしても、基本的に

おごらないことを方針にするといいでしょう。おごるくらいなら、そのお金は広告費に使うほうが賢い選択です。

なぜなら**広告には、未来を創る、可能性を広げるポテンシャルがある**からです。広告は、あなたのビジネスをターゲットに知ってもらうために最も効果的な手段です。

特に今日では、XやTikTok、InstagramなどのSNSを利用したデジタル広告は、起業初心者にとって主流になっていて、ターゲットとする顧客層に直接アプローチすることができます。

それにSNS広告なら、数百円から実行できます。広告を通じて、あなたのコンサル指導サービスの魅力を伝え、潜在顧客の関心を引き、購入につなげることができます。最近なら、**私はTikTokの広告（プロモート）にたった300円投資しただけで、10万円の売上を得ることもできました**。

広告は、ただの宣伝ではありません。市場調査や顧客のニーズを理解するための重要なツールにもなります。広告の反応を分析することで、どのようなメッセージが響くのか、どの媒体が効果的なのかも知ることができ、以降、それに基づいた集客戦略の無駄を減らして、成果を得ることができます。

しかし、広告費としてお金を投資する際には、その効果を最大限に引き出すための戦略、考えが必要になります。

あなたが販売するコンサル指導のターゲットを明確にすること、ターゲットがどの媒体に触れ、どんな情報を得ているのかを理解し、適切なセールスメッセージやデザインで広告を実施することが大切です。また、広告の効果を定期的に測定し、必要に応じて戦略を修正する柔軟性も必要です。

成功する「ぼっち起業家」に共通する、お金の使い方の原則

結局のところ、ぼっち起業家が成功するためには、非常に重要な選択が、お金をどう使うかです。友人や知人にご馳走《ちそう》するのは、儲かってからやればいいのです。

さらに、参考までにお伝えすると、私もそうなのですが、**10年、20年とビジネスをうまく経営していて億超えしているような起業家には、むやみにおごる習慣はありま**

せん。おごるとしたら、そこには必ず戦略があります。成功起業家で、ずさんなお金の使い方をしている人はほとんどいません。おごったり、お酒やギャンブルにお金を〝ただ溶かす〟ような人はいません。

もし、あなたがただ浪費するだけで未来がないお金を使おうと思ったときは、「6、5、4、3、2、1」と6秒間だけ考えて、本当に、そのお金がただ消えてしまってもいいのかを考える習慣をつけて、結論を出してみてください。

お金の活かし方、使い方を間違えた場合は、倒産や廃業という末路になり得ます。

あなたはビジネスの成長を最優先に考え、広告費や勉強のためにお金を使うほうがいいのです。そして、より多くの顧客を獲得し、まずは稼いでください。

集客できた数が、あなたの信用の量です。つまり、売上金額の大きさが、あなたの社会的信用なのですから。

そして、もう1つ、大事なことをお伝えします。

「お金を使わないと、決して成功することはありません」

このことも、ちゃんと心得ておくべき大切な経営原則の1つです。お金は使うものですし、借りてもいいものです。

従業員を雇わないメリット

ぼっち起業家は、まさに〝一人ぼっち〟で従業員を雇わないから、自由度が高く、柔軟なビジネス運営をすることになります。つまり、すべてあなた次第、自分次第ということです。

コンサルタント業でも売上1億円くらいなら、頑張れば従業員ゼロで実現可能です。もし自分一人では、抱えきれない業務が出れば、その分は外注先を上手に活用することで解決できますから、安心してください。

起業する人の中には、専用の事務所を借りなければいけないという思い込みや、会社なんだから従業員を雇わなければ格好が悪いという余計な思いを持っている人は少なくありません。

原因は、いずれもドラマやマンガの影響ではないかと思います。ドラマやマンガに登場する起業家はたいてい、小ぎれいなオフィスビルやタワマンの一角に事務所を構えていますし、アシスタントやお茶くみの従業員が設定されていたりするからです。
でも、実際はそんなことはありません。日本には数百万人の一人社長がいると言われていますし、自宅を事務所にしていることも、全然珍しいことではありません。

従業員を雇わないメリットは、主に3つです。

①コミュニケーションの簡素化

一人であれば、意思決定が迅速に行なえ、無駄な会議や調整が不要になります。

②ストレスの軽減

従業員を管理することに伴うストレスや対人関係の問題がありません。

③固定費の削減

従業員を雇うと、給与や福利厚生などの固定費が増加しますが、一人であればその心配はありません。

私が従業員を雇いたくない理由をひと言で表すと、「めんどくさい」からですし、お金がかかるからです。コミュニケーションすることがめんどくさいですし、精神面のフォローをするのは、もっとめんどくさいと感じてしまいます。それに今流行りの「〇〇ハラスメント」の予防にもなります。**一人ぼっちで働いていれば、セクハラもパワハラも、被害者にも加害者にもならなくて済みます。**

また、日本の法律では、従業員を一度雇うと、雇用主の意向で簡単に辞めてもらうことができません。これには、かなりの金銭的リスクを感じています。

だから、一人で抱えきれない分は、従業員を雇うのではなくて、外注して助けてもらうのがおすすめです。外注は、適度な距離感があって、お互いに公平な責任感とリスクを負担し合うので、陰キャやコミュ症、ぼっちの起業家には向いていると思います。

ぼっちでも、不眠不休で頑張るタイミングがある

第2章で紹介した成功ぼっち起業家の方々にも当てはまっているのですが、結果として成功を収めたぼっち起業家のほとんど、それは98％か99％かもしれませんし、もしくは、100％かもしれないのですが、成功にたどり着くまでの道のりは決して簡単ではなかったはずです。

起業家は、目標達成するまでの途中で、時には不眠不休で働き、ビジネスを開花させたり、また維持のため、あるいは飛躍をさせるために**必死に、それはもう健康を損ねる一歩手前まで働かなきゃいけない場面があります。**

これらのタイミングは、ビジネスの成長や存続において**重要なターニングポイント**となり、ぼっち起業家は決断力、持続力、そして実行力や思考力が試されます。

例えば、初期段階で苦労するのは、起業したばかりの1年目です。資金調達や顧客獲得のために、みんな苦労します。そして、その苦労がやっと報われて、顧客を順調

に獲得していった先で、私は1日18時間、ほぼ不眠不休生活を数カ月間にわたって、体験したことがあります。

【起業1年目の毎日のスケジュール】

午前2時　起床、仕事開始
　　↓
午後10時　仕事終了、睡眠
※食事やトイレ、お風呂、身支度は、この間の合計60分ほどで意図的に済ませていました。まさに、情熱ですし、ど根性な姿勢です。

なぜ、こういう暮らしになったかを説明しましょう。
起業1年目、ネット通販コンサルティング事業を始めていました。最初は、ほとんど集客できなかったのですが、メルマガ広告や自力営業などを経て、10カ月目に、6社ほどのコンサル先を得ていました。
そのうち1社については、コンサル指導サービスだけでなく、顧客管理や毎日の帳票の出力などの周辺作業も受託させてもらいました。

具体的には、東京品川区の中華料理屋のネット通販事業部の立ち上げでした。私からの提案によって、餃子を主力商品として楽天市場で販売することになりました。販売開始からちょうど3カ月経過した頃に、新たに投入した企画商品の「お試し中華おせち」が大ヒットし、その後立て続けに「大ぶり餃子」が特大の大・大ヒットしました。1秒間に1件の注文が入って、3カ月間以上注文が止まらなくなりました。

私は、毎日朝8時くらいに、お店まで納品書と宅配用の発送伝票を出力して届ける作業と、パソコン画面上の処理なども担っていました。毎日、数百件ずつです。

さらに、この他のクライアントへの資料作成や実際の対面でのコンサル指導も並行して行なっていました。私のクライアントは、東京ばかりでなく、関西や東海地方にもあったので、出張をしても、必ずその日のうちに何としてでも帰京して、この中国人夫婦の餃子のネット通販事業には支障が生じないようにしていました。

起業1年目に、踏ん張りどきは最低3回

実は、起業家が集客や営業のコツをつかんで、上手になると、初めて体験することがあります。

それは、体力と時間の限界まで仕事をすることです。なぜなら、それまでほとんど顧客獲得ができなくて、売上を得られていないので、獲《と》れるときには獲ってしまおうという気持ちが働くのですが、どれくらいが時間と体力の限界なのか、事前に自分で把握できていないから、ここで限界まで挑戦することになります。

成功を勝ち取る起業家の共通点は、**リスクを取っている**、リスクを引き受けていることです。つまり、最悪の状況になることを覚悟していて、万一、そうなったときの対処も事前に考えているということです。成功した起業家は、リスクを計算し、リスクを覚悟した上で、結果的に大きな報酬を得ていきます。

彼らは、事業に対する強い情熱を持ち、困難に直面しても**あきらめません**。難しい、つらい局面でも、**逃げずに〝何とか〟したのが、成功ぼっち起業家**です。

そして、常に新しい知識や技能を学び、これから来るさまざまな状況に適応できる能力を養おうと躍起になります。

　ぼっち起業家が本当に頑張らなければならない局面は、ビジネスの成長過程の中で何度か訪れるのですが、起業1年目には少なくとも3回は訪れます。

　1回目は、資金調達や事業計画を立てるとき、2回目は、集客するとき、3回目は、集客と接客を並行して進むときです。

　これらの瞬間は、ぼっち起業家の真価を問うものであり、成功への道を切り開くための重要な通過点です。ビジネスを次のレベルへと導くために、情熱と決意を持って取り組む必要があります。そういうとき、**たまには寝ないで頑張らないと、市場から淘汰《とうた》されてしまいます。**

「イライラ・くよくよ」は多大な損失

　起業してビジネスを動かし始めると、思いどおりにいかないことは多々あります。最初の1年目は、初めての慣れていないことばかりなので、それは当たり前のことだと解釈して、早く気分を切り替えて、次へ進める人が、勝つぼっち起業家です。

でも、9割の人は、思いどおりにいかなかったことに対して、イライラ・くよくよするものです。私もそうでしたから理解できますが、イライラ・くよくよすることで仕事が停滞するのは、経済損失につながるのは明らかです。つまり、得しません。損をします。

この**損失金額を計算する発想**を持つことで、私は**イライラ・くよくよの時間を短くする工夫**をして、できるだけ無駄な時間を省いてきました。

◉時間の価値

まず、起業家の時間の価値を算出します。例えば、起業家が時給換算で1時間あたり1万円の価値があると仮定しましょう（高いと思うかもしれませんが）。1日8時間働くとして、1日の価値は8万円になります。

◉生産性の低下

イライラやくよくよすることで、生産性が50％低下したとします。これは、1日の価値が4万円に減少することを意味します。

◉機会損失

生産性の低下は、新しい顧客の獲得、収益を生み出す機会を逃すことにもつながります。これを機会損失と呼びます。

◉機会損失の計算

1週間（5日間）の生産性が50％低下した場合の損失は、以下のように計算できます。

・1日の損失＝通常の価値－生産性低下後の価値
・1日の損失＝8万円－4万円＝4万円
・1週間の損失＝1日の損失 × 5日間＝4万円 × 5＝20万円

この計算はあくまで一例ですが、起業家が感情によって仕事の効率が落ちることで、どれだけお金に影響があるかを示しています。感情コントロールが、経済的成功において重要であることがわかるでしょう。

最悪な「イライラ・くよくよ」沼から脱出するためのコツ

ここで本当に重要なことは、計算することではありません。

大切なのは、**イライラ・くよくよすることを早く切り上げて、次を考え始めて、早く仕切り直す**ことです。イライラ・くよくよは、何も生まないからです。最悪なのは、イライラ・くよくよに沼ってしまって、なかなか回復できない落ちた精神状態になってしまうことです。

沼るという最悪を避ける方法は、明解です。

イライラやくよくよには、何かの〝悪い事実〟が動機になっているものですが、気分が沈んで弱っている間は、その原因を考えないことです。原因を考えるのは、元気になって**余裕があるときまで、スルーすると決めてしまいましょう**。

なぜなら、消極的で後ろ向きになっているタイミングで、ぼっちや陰キャの人が原因を考え始めると、内省が強すぎて自分を責めすぎ、どんどん負のスパイラルが加速して、メンタルがやられて、行動も停滞するからです。

成功ぼっち起業家の共通点は、イライラ・くよくよの時間を、主体的に短く済ませ、**「はい、次！　はい、次！」という姿勢**をつくれることです。

イライラ・くよくよは、誰にでもあります。その他大勢から抜け出て成功する人は、その時間を短時間にしてしまう**「あっさり感」**と**「パワー」**を持ち合わせているものです。

「片づけはしない」と決めてしまう

私は片づけないと、決意しています。これは、**感情コントロール法の１つの実践**です。

私たちはしばしば、片づけや整理整頓が成功への条件であるとか、運が良くなるなどと教えられていますよね。しかし、私の場合、これは真実ではありません。私の部屋や机、パソコンまわりは、いつも散らかっています。

「なぜ、散らかっている状態を正常な状態にしているか」には考えがあります。私は、物事が視界に入って視認できないと、それを忘れてしまう特性があるからです。

例えば、私は銀行に行くべき前日には、その予定を紙に書いて、必ず朝通るトイレの前の床に置いておきます。ルーティンで飲んでいる漢方薬やサプリメントは枕元に、読んでいる本や、読もうとしている本、読んでいない新聞やチラシ、郵便物は布団の横に置いてあります。これらはすべて見れば、やるべきことを思い出せるようにしている工夫で、結果として散らかった状態になっています。

起業当初、私は自室をホテルの一室のように整理整頓された空間に保っていましたが、それは私にとって、とてもデメリットが大きく、実際損失を出してしまいました。

重要な仕事の待ち合わせを忘れて、会議に出席しないといった失敗を繰り返しましたし、期日どおりに税金を納めることを忘れてしまったこともありました。そして、本を読むことさえもしなくなってしまいました。

これはまずいと思って、私は、自分の布団やダイニング、机、パソコンまわり、その他生活上の動線にメモや物を置いて、やるべきことを視認すれば、思い出せるように工夫をしました。

これにより、私の仕事は、効率的に遅滞なく進んでいきました。

整理収納アドバイザーからのヒント

でも、散らかり放題の環境への羞恥心《しゅうち》や、片づけなければならないという罪悪感や焦燥感には襲われていました。

そんなある日、整理収納アドバイザーのN・K先生から、目から鱗のアドバイスを受けました。先生の家では、洗濯後の下着や靴下を畳まず、個人別のカゴに入れておくだけで、あとは本人任せにしていて、それ以上のことはしないというのです。

この話からヒントを得て、「片づけはしない」という決断をしました。

すると、私の心は軽くなり、仕事に集中できるようになりました。もちろん、衛生面には気をつけ、生ゴミや食品関連のゴミは溜めないできちんと処分しています。そして、水回りやエアコンは、健康のためにキレイにしていたいので、これらにはプロの専門のサービスを利用することをしています。

「片づけない」生活のメリット

私の「片づけない」生活で、私は、仕事はもちろんのこと、健康面でも良い成果を出せています。**「やらないことを決めることが重要」**と強調している有名な起業家では、スティーブ・ジョブズ氏が代表格です。彼は、グーグルの創業者ラリー・ペイジ氏に対して、**「経営とはやらないことを決めること」**だとアドバイスしたことで知られています。

この考え方は、時間が有限であるため、何に焦点を当てるかを選択する必要があるという考え方です。また、ピーター・ドラッカー氏もリーダーとしての責任は「やらない仕事を決める」ことだと述べています。

もし、あなたがやらなくてはいけないというプレッシャーに苛まれているにもかかわらず、何カ月もやらないで、大きな問題が生じていないのなら、それはやらなくても良いことだと判断してもいいのではないでしょうか？　私はそう考えるのですが……。

私は、自分の仕事の遂行力と、自分自身の気分を良くすることを重視しています。

だから、**世間の常識や自己啓発の定番に、結果的に真逆の選択をする**こともあります。

例えば、「部屋が汚いと運が悪くなる」だとか、「仕事ができる人は整理整頓している」などというフレーズに対してです。その結果、運が悪くなったり、神様に見放された感覚は今のところいっさいありません。

あなたも、あなたの〝やらない〟を主体的に決めて、メンタルを楽にして目的に集中できるようになってほしいと思います。

人気より入金、フォロワーはいらない

あなたが、売り上げるためにブログやX、TikTokなどで発信をしていくことは必須です。広告は費用の負担が必要ですが、これらは基本的に無料ですから、活用しない手はありません。

ただ、**発信をするときに惑わされないでほしい大切な注意点**があります。

ぼっち起業家が発信する目的は、**あくまでも売上をつくるため**で、ウケを狙って自己承認欲求を満たすためではないということです。つまり、「フォロワー数が正義」という価値観は、ぼっち起業家にはいらないと思ってほしいのです。

ぼっち起業家のブログやSNS運用は、人気よりも入金にこだわることが大切です。SNSのフォロワー数や「いいね」数が多いからと言って、これが直接的な売上につながるわけではありません。ブログやTikTok、YouTubeなどで万人ウケする内容を発信すれば、確かにフォロワー数や「いいね」数は増えます。実は、それは、意外に簡単です。コンテンツ次第だからです。かわいい猫や赤ちゃん、おいしそうな食べ物、セクシー系のネタを選んだり、ディズニーやプロ野球などの定番の人気コンテンツを自分の発信テーマとして選べば、人気は出やすく、フォロワー数や視聴数、いいね！　は増えます。

しかし、これはあくまでコンテンツに対する、支払いを伴わない、つまり無料による人気であり、発信者に対する信頼や期待、課金したいという敬意を含む本当の人気ではありません。

事実、かわいい猫やおいしそうな食べ物、セクシー系の発信者の氏名を覚えていることはほとんどないと思いますし、仮にそれらの発信者がネット通販の告知をしたり、誘導をした途端にコメント欄が荒れたり、しらけてアクセス数が急減したりします。

自分の発信がきっかけでコンサルティングやコーチングの申し込みが入るというのは、まったく別のフィールドでの闘いになります。

申し込まれて入金してもらうためには、あなたが提供するサービスが役に立ちそうだと期待してもらう必要があります。そのためには、**あなた自身が何かの専門家として知識と技能を持ち、ターゲットの悩みや問題を解決してくれるかもしれないと思わせるよう発信する**ことが重要です。

ビジネス系の何かに申し込んでもらうことを目的とした発信は、何も売らないで猫や赤ちゃん、食べ物、セクシー系を発信することとはまったく別次元の経営という闘いをすることです。

入金を得るためのビジネスの世界では、価値を提供することが最も重要です。その価値が認められ、信頼されることで初めて、視聴者やアクセス者は初めて見込み客となり、入金を見込めるようになります。

視聴回数爆少なのに、商品・サービスが爆売れした秘密

私のTikTokの代表作の1つに「**フォロワー数も視聴回数も爆少なのに、億稼いだ**」というものがあります。

これは、質の高いコンテンツを発信し、それが一部の人々に強く響くことで、大きなビジネスチャンスが生まれることを示しています。そして、実際にこの動画の視聴者からコンサル依頼の申し込みをもらっています。

結局のところ、ぼっち起業家が成功するためには、人気を追い求めるのではなく、あなたが提供できる価値を磨き、それを発信し続けることが重要です。

例えば、**ターゲットに役立つ情報**ですし、**解決するためのノウハウ**です。また、あなたの**実体験や事例の紹介なども価値が高く**なります。その価値が認められ、期待されたり信用されたときに、初めて申し込みが入り、入金が見込めます。

私のブログや動画を見たことをきっかけに、私にコンサル指導を申し込んでくれた人たちの半分以上は、フォロワーになっていません。

それは、長い期間にわたって、無料で情報収集しようという考えがない人たちだからです。ぼっち起業家がブログやSNS運用でこだわるべきは、人気ではありません。入金、つまり売上です。

もし、フォロワーを集めたい場合でも、対象はあなたのビジネス上のターゲットに絞り込んでいれば、売上につながりやすくなります。

売上を得るための発信で大切になるのは、何をどのSNSで発信して、次にホームページを見てもらう、その後にLPから申し込んでもらうなどという〝**導線**〟**をつくっておく**ことがポイントです。

一番カッコ悪いのは、フォロワーが何万人などとたくさんいて、視聴回数ものすごく多いのに、あまり売上が上がっていないケースです。実は自己承認欲求が強くて、見栄張りの人は、SNS運用を始めてから、売上ではなくて、フォロワー数を増やすことを目的に変えてしまうことがあります。

やはり、何が目的でどんな結果がほしいのか、ここを間違わないことが起業して成功するためには本当に大切です。

自分の時間を自分でコントロールするための秘策

私の時間、言い換えると、私の人生ですし、命です。これは完全に「私だけのもの」です。ですから、**私の時間をコントロールしてもいいのは、私だけのはず**です。これが、私の自分の時間に対する考え方です。

スマホは、ぼっち起業家にも不可欠で、なくてはならない道具ですが、その通知音はしばしば、邪魔になります。

自分の時間を自分でコントロールするために、**私はスマホを常にサイレントモードに設定**しています。この選択は、私に限ったことではありません。多くの成功ぼっち起業家がそうしていて、これは、自己管理能力の高さを表しています。

油断すると、自分の日常は、絶え間ない通知音であふれてしまいます。電話の呼び出し音、メッセージの受信音、アプリの通知音などはすべて、所有者が何をしているかにかかわらず、注意を惹き、時間を奪おうとしてきます。

しかし、**私は自分の時間を奪われません。スマホを常にサイレントに設定し、通知メッセージをすべてOFFにする**ことで、自分の時間をスマホの向こう側の人たちにコントロールされないようにしているからです。

この判断は、私が主体的に生きていることを意味しています。

私は、他人や外部の要因に自分の時間を支配されることを拒絶し、嫌悪しています。スマホからの音やバイブレーションに邪魔されることなく、自分が本当に優先したいことを主体的に〝選ぶ〟生き方をしています。

サイレントモードは、自分にとって静寂の中の自己主導の時間や空間を創り出します。そして、自由な自分を支えています。

自由とは、自分がいつ、どのように連絡を取るか取らないかも当然、含んでいます。**スマホなんかに、自分の時間を奪われたくありません。**

このスマホとの付き合い方は、私が仕事に集中するときにも、プライベートを楽しむときにも効果を発揮しています。自分にとって、重要な時間の使い方をしているとき、当然、私はすべての連絡を遮断しています。スマホを携帯していないときさえあります。

これにより、生産性は向上しますし、仕事の質も高まります。それに、プライベートのときなら、楽しさや安らぎが満ちあふれます。

スマホとの距離感が、あなたの自由を確保する

実は、こういうスマホの使い方は、私に限った話ではありません。

億超えしていたり、年3000万円以上稼いでいる、ぼっち起業家の多くは、サイレントモードにすることで意図的に、スマホと一定の距離を置いて、**スマホに振り回されないように工夫**をして過ごしています。

逆に、スマホの通知音がしょっちゅう鳴っていたり、電話が着信している起業家を目の当たりにすると、いつも相手の都合が優先されて振り回され忙しくしていて、そして集中力を欠いていて気の毒に思ってしまいます。

ＯＦＦにすれば自由になれて、自分の時間を取り戻せるのに、彼らは、自分の時間を自分だけでコントロールすることが心細くて不安なのかもしれません。これは、自

分の生活をどのように過ごすかを、自分で決めるか、誰かが決めるかの表れです。

スマホのサイレント設定は、最新のテクノロジーに自分が振り回されるのではなく、単なる道具や手段として主体的に自分が使いこなしている小さな工夫の1つです。

あなたには、あなたの時間をコントロールする自由があります。

第7章

最強ぼっち
起業家への
ドSトレーニング

ビクビク、オドオド、緊張感が武器になる

陰キャやぼっち、人見知りの人は、知らない人や親しくない人の前ではしばしば緊張します。私たち陰キャやぼっちの緊張感は、ビクビク、オドオドと表現されることが多いでしょう。うつむき加減で、負けている雰囲気があると思われているからです。

しかし、私は全然違う解釈をしています。

実はこの緊張感は、自分と相手や環境との関係性を深く観察し、思考している途中経過で起こっているもので、ぼっちや陰キャならではの強い武器になっていると、私は理解しています。

緊張感は、相手やその場に対して、電波を発信しているような状態です。緊張感は、相手の〝情〟況、つまり、感情と客観的事実の把握に役立っています。人の顔色や様子を見ていることは、市場やターゲットをよく見て、それらを把握することとほとんど同じです。

逆に、あまり緊張しないタイプの人の場合、空気を読まないことがあるでしょう。ひと昔前の表現では〝ＫＹ〟な人です。

目の前にいる人の気持ちや状況を理解しないで、浅はかな発言をしたり、振る舞いをして相手を傷つけたり、怒らせたりすることになるかもしれません。それに、自分の好きを商品にして、市場のニーズを理解しないまま、売り始めて大失敗することにもなりかねません。

一方、ぼっちの**ビクビク・オドオドは**、ビジネスにおいて大失敗、大損しないための**〝安全装置〟の役割**を果たします。私たち陰キャやぼっちの緊張感は、縁の下の力持ちとして黒子的な頼りになる武器になります。

ぼっちは、自分の緊張感を利用して、相手や環境をよく観察し、理解することで、自分の行動を適切に調整することが得意です。

私の場合、小学生の頃からクラスメイトや先生、大人たちの顔色をうかがって暮らしていたのですが、この経験は、起業してから市場や見込み客をよく見て、新サービスの販売をスタートさせるタイミング、セールスするタイミングなどを上手に選べる判断力を養ってくれたように思っています。「人一倍緊張する」という特性が、自分のビジネスを成功させるための重要な情報を得たり、相手との関係性を構築できることにつながっています。

緊張感は、自分自身と他者との関係性を深く理解するための重要な役割を果たします。それは、自分がどのように行動すべきか、どのように他者とかかわるべきかの答えを教えてくれます。

そのため、緊張感を持つことは、自分自身をよりよく理解し、他者との関係をより深く理解するための重要なプロセスになっています。

緊張しすぎて、緊張に負けないコツ

このように、ぼっちにとって緊張は武器になりますが、あまりに緊張しすぎて、緊張に負けてしまうかもと不安になる人もいるでしょう。

そんな人のために、私が実践している**「緊張しすぎて、緊張に負けないようにする3つのコツ」**をお伝えします。

**緊張は決して悪いものではない！
使い方次第で、武器になる**

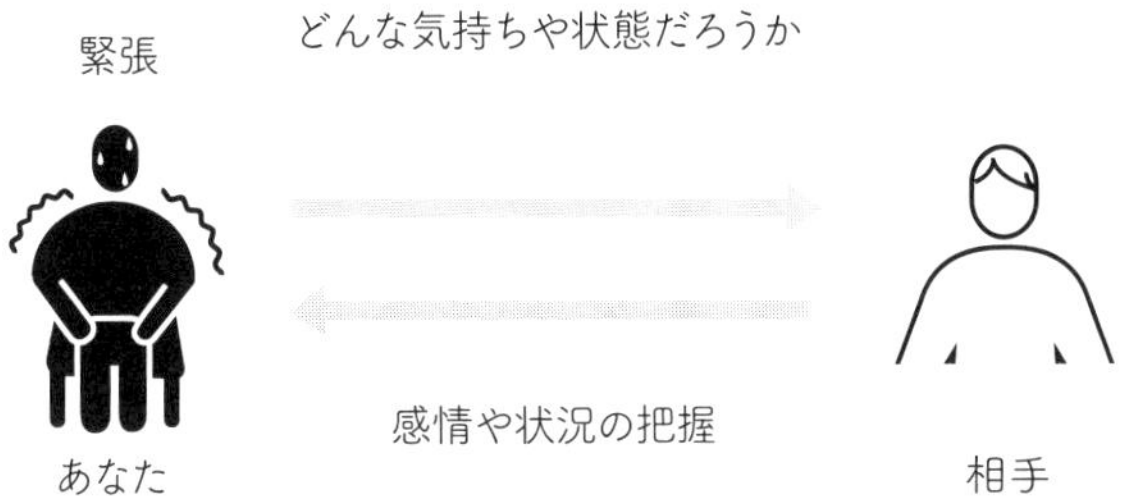

①緊張することは悪いことではないと、受け入れる。
②とにかく場数を踏む。
③別に失敗してもいいと〝堂々としているフリ（演技）〟をする。

この3つのコツを実践することで、緊張感を自分の武器に変え、ビジネスを成功させることができるでしょう。

とにかく、ビクビク・オドオドを受け入れることです。

「見た目」なんかで損するな

「見た目なんかで損するな」という言葉は、私の体験から発している本音です。一部の陰キャや陰キャやぼっちの人たちが社会から低評価を受ける理由の1つとして、陰キャやぼっちの人が清潔感を欠いたり、カッコ悪い、ダサいと第三者から思われる外見をしていることがあると、陰キャでぼっちの当事者の私でも思っています。

例えば、寝癖などヘアスタイルが整っていない、太りすぎ、アイロンがけされていないシワシワなシャツを着ている、ボタンが取れかかっているシャツを着ている人さえ見受けられます。

起業したばかりで実績がなく、知り合いでもない相手と初めてコミュニケーションする場合、**「見た目が9割」**という言葉が示すように、第一印象に見た目は大きく影響します。

「見た目」ひとつで、顧客層も価格付けも変わる

見た目を整えるだけで、あなたの印象と評価は大幅に向上します。世間は、意外と単純です。

私は「マーケティングデザイン論」も教えているのですが、あなたがどのような外見をして、どんな印象を相手に与えれば、売上を上げることができるか、その答えを知っています。答えはシンプルです。**「ターゲットと同じような外見にする」**ことです。

私自身、起業当初は今とはまったく違う外見をしていました。ポロシャツを着てプロフィール写真を撮り、ホームページに掲載していました。そのポロシャツを着てセールスやコンサル指導を行なっていました。

しかし、価格を4倍に値上げしたタイミングで、私は自分の見た目を一新しました。サイズ感がぴったりのイージーオーダーの無地のスーツに白いワイシャツ、これに赤

いネクタイを合わせました。

その結果、顧客層が劇的に変化しました。ポロシャツを着ていた時代には、あまりお金を持っていない起業家が多かったのですが、オーダースーツを着るようになってからは、豊かな資産を持つ中小企業の経営者が主な顧客となりました。

それは、なぜか?

印象が変わったからです。「まじめそう」「堅実性、強さ」や「安心感」を相手に与えることに成功しました。以前は、太っていましたし、スポーティーというよりは軽薄そうに見えていたかもしれません。

今、本書を読み進んでいる読者の中には、「髪の毛を金色にしたい」「スーツは着たくない」と言う人もいるでしょう。

しかし、そのようなこだわりがどれほどの価値を持つのか、何を生み出しているのかを再考することをおすすめします。

稼ぎたければ、優先順位を一時的でもいいので変更して、稼ぎやすい状況づくりをしてみてはいかがでしょう。

ぼっちが、最終的に稼げる「見た目」

〝無難な〟結論として、「誰からも批判されず、疑問を持たれない外見」があります。

それは、**男女ともにスーツを着用する**ことです。**無地**がいいです。チェック生地は難しいのでやめたほうがいいです。

これは、本当に無難な選択です。

例えば、スーツを着てキャンプに参加しても怒られることはありませんが、キャンプに行くようなパーカーや短パンの服装で商談に臨むと、非常識な人と思われる可能性は高まります。

大切なのは、**「初対面の人や親しくない人にどのように思われるのが、自分にとって有利に働くのか」**、逆に**「どのように思われると損してしまうのか」**を意識することです。

もちろん、あなたの人柄と実力は、見た目とは必ずしも一致しない別のものです。

しかし、第一印象によって次のステップにスムーズに進めるかどうかが決まります。

あなたは、見た目で損をすることなく、相手にあなたの提案やセールスをきちんと聞いてもらえる状況をつくるのが賢いやり方です。

重視すべきは、「失点しない」

有名な**「メラビアンの法則」**があります。これは、コミュニケーションにおける言語、聴覚、視覚の影響の割合を明らかにした心理学上の法則で、アルバート・メラビアンという心理学者が提唱しました。

この法則によれば、コミュニケーションでの影響度合いは、「言語7：聴覚38：視覚55」で、**視覚、つまり見た目が印象、そして評価に最も強く影響を与える**と示しています。

私自身、リアルな対面だけでなく、ZOOMやTeamsでの対面でも、ヘアスタイルを整え、ワイシャツを着るようにしています。

また、初対面の人と会うときや、TikTokやYouTubeの動画を撮影するときにも、自分の定番の見た目である無地のスーツに白いシャツ、赤いネクタイを選ぶことにしています。

その理由は、この見た目で印象が良くなることはあっても、悪くなることはないからです。失点をしないことを重視しているからです。

相手ときちんと話す前の段階、見た目で失点するのはバカげています。髪の毛をピンク色や青色に染めているだけで、人々に距離を置かれることがあります。私は、YouTubeやTikTokを始めるにあたって、おでこの真ん中にあった大きいイボを、ほっぺたに散在していたシミを、近所の皮膚科で取ってもらいました。**仕事の実力や人柄とは無関係な見た目の印象で、失点をもらわないために**やりました。

あなたにも、見た目なんかで損をしないように、自分自身を整えることをおすすめします。それが、あなたが成功を導く大切な一部分だからです。

「人間関係リセット」ボタンを押してみる

起業して成功するためには、自己成長が重要なのは言うまでもありませんが、それはひとえにあなたがかかわる**「人選び」**にかかっています。なぜなら、誰でも普段かかわっている人からの影響を否が応でも受けてしまうからです。

「朱に交われば赤くなる」とは真実です。「類は友を呼ぶ」も、本当にそうなんです。考え方はもちろん、価値観も、それに言葉遣いだって、あなたがいつも付き合っている人と似てきます。驚くことに、体型も似てきます。同じようなものを食べているからです。

あなたが起業して成功を目指すために、「誰と付き合うか」「どんな人とかかわるか」は、あなたの結果に強く影響するので、主体的に意図して、選ぶ必要があります。

「人付き合いは、選ばれるよりも選べ」です。

あなたが成功起業家になるためには、時には**「人間関係リセット」**ボタンを押す勇気が必要です。

これは、自分の成長や目標達成を妨げる人々との関係を断ち切ることを目的としての行為です。あなたの時間は有限であり、最大限に活用するためには、あなたを支えてくれて、前進するサポートをしてくれる人たちに、あなたは囲まれているべきです。

大切にすべき人、リセットすべき人

成功するためには〝あげまん〟な人を選びましょう。ここでのあげまんの意味は、性別に関係なく、あなたをプラスの方向へ導いてくれる人のことです。やる気を起こさせ、怠けることなく、時には厳しい指導を通じてあなたを成長させてくれる人です。また、具体的な支援、例えば資金援助、知恵や情報の提供、さらには体力を使って作業を手伝ってくれる人は、あなたが成功するために非常に大切にするべき存在です。

そして、成功者としての道を歩む上で、ビジネス面だけでなく、私生活においても支えとなる人を大切にすることは必須です。

例えば、食事の準備、洗濯、掃除など、日常生活を支えてくれる人がいる場合は、あなたの成功に貢献していることを忘れてはいけません。アイロンがけや靴磨きをしてくれる人がいれば、あなたは感謝して、一緒に闘ってくれるチームのメンバーだと理解しておく必要があります。

起業すると、あなたのビジネスの成功に無関係な人たちや真逆の価値観の人たちとの関係は、自然と薄れていきます。

自分のビジネスや目標に対して貢献しない人との交流は、時間の無駄となり得ます。例えば、私の場合、会社勤めをしている友人たちとの交流は、どんどん減っていきました。なぜなら、一緒に話をしていても、楽しさを感じないからでした。ひと言で言えば、話が合わなくなったからです。つまらなくて無意味な時間が、惜しく感じられ、もうこの人にはメッセージの返信をしないとか、会わないという気持ちになって、ついには人間関係リセットボタンを押します。

成功者になるためには、自分の時間の価値を理解し、それに見合った活動に時間を割くことが重要だとますます考えるようになっていきます。

もし、万一あなたが風俗店やキャバクラ、パチンコなど、時間とお金の浪費になるような人や場所とのかかわりがあれば、即刻、リセットボタンを押して、縁を切ってしまいましょう。ビジネスや自己成長に直結する活動に時間とお金を集中投下させなくては、せっかく起業しても3年も持たずに倒産してしまいますから。

成功への道は、自分自身との対話から始まります。

あなたがどのような**人間関係**を築き、どのように**時間**を使うかが、あなたの**成果**に大きく影響します。**自分を取り巻く環境**を自ら見直し、成功に向けて前進するための選択をしてください。

あなたの邪魔をして、足を引っ張る、足手まといになるような人とは関係を断ち切り、距離を開けることで、成功への道はより明確になります。

謙遜するな、マウントしてみるぐらいがちょうどいい

私は起業してすぐに「謙遜《けんそん》しない」と決意しました。この決意が、私の起業を成功に導いてくれたと、かなり強く考えています。

きっかけは、ある起業セミナーでM・A先生がこう教えてくれたことです。

「謙遜は一般の日本人には美徳かもしれないが、起業家がその他大勢から抜け出すためには、損することはあっても、得はしません。ここでいう一般の日本人とは労働者、サラリーマンのことです」

私は、この講話を聴いてから、「私は全然たいしたことがないのですが……」という類いのフレーズを封印しました。それは、**謙遜した話し方をやめることで、こういう弱腰な考え方をすることも、きっぱりとやめたかった**からです。

あなたも、自分のことをたいしたことはないと思うことも、そういう話し方をすることも今後いっさいやめてください。

あなたが、こんな発言をすれば、見込み客は逃げてしまいますし、既存の顧客なら悲しみます。それに、競合他者からはナメられてしまいますから。

あなたは、**謙遜するくらいなら、マウントして**、自分を堂々とアピールしたほうがいいぐらいです。最初のうちは少しくらい背伸びをしてもいいので、あなたのことを知らない人は、あなたが背伸びをしていても、マウントしたとしても、それはわからないからです。

問題解決したいと考えているターゲットの人なら、おおよそ、あなたの話をそのまま素直に受け入れ、あなたのアピールをもっと聴かせてほしいとまで思うはずです。

私が起業当初、恥ずかしげもなく使っていた自己紹介文では、「ネットショップコンサルとしてNo.1の実績がある杉本幸雄です」のように堂々と話していました。これはまったくの嘘ではないのですが、背伸びした誇張表現になっていたかもしれません。初対面の人に、「楽天ショップ1位を続出させている、ネット通販コンサルタントの杉本幸雄です」と自己紹介していました。

マウントされたと批判されたことは、ただの一度もありません。それよりも、期待感を抱かれて「すごいですね、どうやったらできるんですか？」と質問をしてくれる人が多かったのです。結果的に、この自己紹介は実際、売上づくりにつながっていました。

図々しい人、助けを求める人に、チャンスはやってくる

起業して成功するためには、自己主張の重要性は計り知れません。謙遜は確かに日本の伝統的な美徳とされていますが、ビジネスの世界では、自分の能力や実績を積極的にアピールすることが成功へのカギになります。

子供の頃のことで覚えていることがあります。

公園にいたときに、近所の飲食店のおじさんから「君たち、お腹空いていないか？」と聞かれて、私はとっさに「空いていません」と答えたら、隣のH・Yちゃんは「私はお腹ぺこぺこ」と元気よく、遠慮もせず図々しく答えました。

すると、おじさんはH・Yちゃんにだけ、売れ残りのおでんを大量にあげたのです。私もお腹ぺこぺこで食べたかったのですが、空いていないと言った手前、「僕もほしい！」とは言えなかったことをよく記憶しています。

このときもそうですが、この後の人生で何度も何度も、図々しい人が得をするという場面を見てきました。それは、わかりやすく主張したり、助けを求めないと、チャンスをもらえない、助けてもらえないということを示しています。

わかりやすく、明確に自己表現をするほうが得します。ビジネスチャンスを拡大させるためには、図々しさは不可欠です。

注意するべきは、**図々しいときにもかわいげや丁寧さを加えて忘れないこと**です。

強い自己主張と傲慢は、まったく違う

起業して自己ＰＲする際には、自らの強みをわかりやすく表現することが求められます。これは、単に自慢話をするのではなく、自分のビジネスに対する情熱と信念を伝え、ターゲットや見込み客、顧客、取引先にその価値を理解してもらい、あなたが相手に役に立てる存在だとわかってもらうことを目的とします。

自分の実力を謙遜して過小評価することなく、自信あり気な立ち振る舞いや話しぶりは、相手にポジティブな影響、勇気を与え、決してマウントされたといった非難を浴びることはありません。むしろ、ターゲットや見込み客、そして市場から期待と支持を増やすことになります。

ここでしっかりお伝えしておきたいことがあります。

「自己主張が強いこと」と「傲慢《ごうまん》になること」はまったく別物だということです。

私が気をつけたことは、目の前の相手を尊重して横柄な態度をとらないこと、常に謙虚さを示すことです。

背伸びしたり、誇張した表現は、できる限り早急に、現実の事実にするように努力をしました。先の「楽天ショップ1位を続出しています」の表現は、1年以内には1

ミリも誇張さがないよう実際に事実にしていきました。

起業して成功するためには、自分自身の価値を認識し、それを適切に表現する能力が必要です。自分の強みを理解し効果的に伝えることができれば、ビジネスの可能性は大きく広がります。

自己主張への批判を恐れず、自尊心を持ち、自分の特長を市場やターゲットに伝えることで、私は起業家としての飛躍を遂げることができました。謙遜するのではなく、**正しい自己主張をすることは、あなたがターゲットから目立ち、期待をされるための重要な戦術**です。

謙遜するのはやめましょう。それよりもマウントしましょう。しかし、いつも謙虚でいることを忘れずに。

「風邪はひかない」と決めると、何が起こるか？

私は「風邪をひかない」と決めています。ほとんどの人は、こう決意している私をおかしな人だと思います。それは、なぜか？　ほとんどの人は風邪をひかないことを、自分でコントロールできないことだと思い込んで、あきらめているからです。

「風邪はひかない」という決意は、単なるキャッチフレーズや思い込みではなく、自己管理と健康維持への強い意志です。

この決意があれば、毎日の習慣において、風邪を予防する行動に自然と向かっていきます。「風邪をひくと負けだ」と、自分で決めて闘うようになります。

例えば、私は高濃度ビタミンCを摂取することで免疫力を高め、手洗いやうがいを徹底することで病原体の侵入を防ぎ、部屋の加湿を心がけることで喉や鼻の粘膜を護《まも》るようにしています。

また、人混みに長時間いることを避け、感染のリスクを減らしています。もし体調に少しでも異変を感じた際には、麻黄湯という漢方薬をすぐに飲むなど、迅速な対策を行なっています。

このように風邪をひかないための具体的な行動習慣を実践することで健康を維持することができています。

実は、私が風邪をひかないと決めたのは、元クライアントで医師のN・Sさんがそうしていると聞いて、インスパイアされたからです。N・Sさんは、いつも勉強をしていて、多くの人が経験しないこと、例えば、主体的にロシアや北朝鮮を訪問することなどをどんどんしてきた人で、私は尊敬しています。

彼から、**「風邪はひかないと決めれば、ひかないものですよ」**と教わって、私は自分がコントロールできるものが増えたことを、本当にうれしく思いました。なぜなら、思いどおりに生きているということなのですから。まさに、自由に生きている状態です。

どんな困難も乗り越える人が持っている2つの力——自己管理能力と自己操縦力

このような自己管理能力は、日常生活だけでなく、ビジネスや個人の目標達成にも大きく影響します。

例えば、億超えしている成功者の友人でWebコンサルタントのO・Tさんは、過酷なことで知られているトレイルランニングに出場するという目標を立てたことで、生活習慣を一変させました。過度な飲酒や食事を控え、糖質を制限することで体重を減らし、毎日トレーニングに励むことで、その目標に向けて着実に近づいています。
このように、自分で設定した目標に対して、具体的な計画を立て、実行に移すことで、目標達成への道を切り開くことをしている彼を、私は敬服するばかりです。

自己管理能力とは、自分自身の行動や感情をコントロールし、目標に向かって進む力のことです。
自己操縦力とは、自分の意志で自分の人生の舵《かじ》を取り、望む方向に進む力のことです。
これらの力は、小さな成功を積み重ねることで徐々に養われ、最終的には大きな成功へとつながります。自分で決めたことを実行し、やり抜くことで、自分の人生を自分の手で完全にコントロールしていきます。
これは、自己実現の旅でもあります。自分自身で設定した目的や目標に向かって具体的な努力をして、それを達成することで、自分の能力をそれまで以上にさらに拡張することができます。そして、この過程で得られる知識や経験は、次の目標達成に向けた貴重なリソースに加わります。

自己管理能力と自己操縦力を持つ人は、どんな困難にも立ち向かい、それを乗り越えることができます。

さあ、あなたも風邪をひかないと決めてしまいましょう。そして、工夫と努力をして、実現させましょう。これは、あなたの人生のあらゆる面であなた自身を成長させるためのトレーニングになります。

あなたの人生はあなた自身がつくるしかありません。待っているだけで、誰かがつくってくれるわけではありません。

重要なのは、目的と目標を明確にし、それに向かって着実に具体的な努力を重ねることです。

私は、5年以上前にインフルエンザに罹患して以来、風邪もインフルエンザもコロナにもかかっていません。自己管理して自己操縦している賜物《たまもの》だと思います。

やっぱり「共感力」は必要か？

私は、共感するのが基本的にめんどくさく感じる性質なのですが、仕事上ではうまく演じるようにしています。

5年ほど前に出版された、ゆうこす著『共感SNS　丸く尖る発信で仕事を創る』(幻冬舎)は、ベストセラーになりました。なぜなら、当時で総フォロワー数190万人のゆうこすがSNSの使い方をこの本で惜しげもなく、教えてくれていたからです。私もさっそく購入して目を通したのですが、当時の私には響きませんでした。

記憶がおぼろげなのですが、この本の主旨は「SNSでは、共感をすること、共感してもらうことが大切」という内容だったと思います。

当時の私は、今よりももっと共感力もありませんでしたし、演じるつもりもありませんでした。だから、私にはほとんど響かない本だったわけです。

共感マーケティングは、ターゲットや顧客の感情に訴えかけることで関係を築き、信頼を得る集客法です。このアプローチは、「顧客が自分の状況や感情を理解し、共有してくれる企業に対して好意を抱く傾向がある」という心理学的原理に基づいたマーケティング上の作戦です。

無意識のうちに共感する能力は、人それぞれです。私は陰キャでぼっちで、事実の観察やその原因や経緯についての分析力が強い一方で、共感性があるほうかと言ったら、それは非常に弱いのです。

しかし、ビジネスの場では、**共感力は単なる感情の交流以上の意味を持ちます**。それは、ターゲットや顧客との信頼関係を築き、長期的な関係を維持するための重要な要素となり得るからです。

つまり、**共感力は、お金儲けに必要**ということです。

「ビジネス共感力」のすすめ

私がネーミングした「**ビジネス共感力**」は、**お金儲けをスムーズに行なうために役立つスキル**です。上手に使いこなすことで、相手との関係を良好に保ち、発注をもらえ、さらにリピートしてくれたり、良い口コミを広げてくれることに影響を及ぼします。ガチで共感していなくても、あくまで「ビジネス」として共感する、演じるというわけです。

意識的に相手の立場を考えたとき、本音としてはほとんど共感していなくても、共感を演じることがビジネスには有効です。相手の感情や状況を完全に承認していなくても、相手に対する敬意と配慮を示す方法に、ビジネス共感力はなります。

例えば、私なら、クライアントがビジネスで困難に直面している場合、解決策を単に提案するだけでなく、「この状況は大変ですよね……」といった共感の言葉を添えることで、クライアントは「杉本先生は自分のことを理解してくれて大切に思ってくれている」と、私に対して思うようになります。

ビジネス共感力は、特にセールスする場面やコンサル指導のセッションの場面で効果を発揮します。見込み客が、あなたのことを自分の悩みや気持ちをわかってくれる人だと認識したり、クライアントが自分の話を真剣に聞いてくれていると感じると、より満足し、あなたに対する敬意や忠誠心が強められます。

私は言葉で明確に**「共感します！」**と伝えることを実行しています。これはとても単純ですし、簡単な戦術です。相手に対する誠実さを私が伝える強力な武器になっています。

ビジネスの世界では、こういう小さな感情が売上に大きな違いを生むことがあります。結局のところ、ビジネスは人と人との関係に基づいており、共感はその関係を強化するコミュニケーションの1つです。

ですから、共感力が自然に備わっていないと感じる私みたいな人の場合、ビジネス共感力を演じることで、より良い人間関係を築き、成功への道を歩むことができるのです。

ビジネス共感力は、「ビジネスマナー」という位置づけにしておくと便利です。相手が共感してほしい場面では、**無理して、頑張って、共感を演じましょう。**それが、あなただけではなく、相手のためにもなるからです。

「結論から言う」習慣で強くなれる

私は外資系企業で働いていたときに、鍛えられました。「結論から言え！」と再三、教育を受けていました。

結論から話すことは、コミュニケーションの効率を高め、聞く側にとっても、内容を理解しやすくなります。私はかつて、しばしば、**自分の意見を述べる前**に長々とした前置きをしてしまう悪癖がありました。

これは、自分に自信がなかったからです。

一方、自信があって、責任感を持っている人は、結論から入ります。

これにより、彼らの発言は力強く、説得力があり、信頼性が増します。結論を先に話すことで、話し手は聞き手の注意を引き、重要なポイントに集中してもらうことができます。

これは、特にビジネスのプレゼンテーションや会議、それにコンサル指導の場など、時間が限られている状況で有効です。話し手が結論から入ると、聞き手はその後の説明を、集中して注意深く耳を傾けることができます。また、結論から話すことは、話し手がその主題について深く考え、理解していることを表す証明にもなります。

しかし、結論から話すことが常に最適とは限りません。

相手の文化や状況によっては、話し手が聞き手との関係を築くために前置きを必要とすることもあります。

例えば、一部の人たちの間では、直接的なコミュニケーションが唐突で失礼とみなされることもあります。そうした人たちには、結論を先に述べることが逆効果になって、怒らせたり、不愉快にさせる可能性があります。

また、複雑な内容、デリケートな問題を扱う場合は、相手を配慮して背景や事情、立場などの情報を丁寧に前置きして話したほうがいい場合もあります。

ビジネスの成功に「論理的思考力」が求められる理由

結論から話す習慣を身につけることは、責任を負うことにもつながります。また、この習慣は、自分の考えを整理し、理論的な流れがある発言や発信をするための論理的思考のトレーニングに役立ちます。

なぜなら、**結論を話した後には、理由や根拠の説明が必要**で、結論を相手に納得してもらえるような理由や根拠をデータや事例を調べて、ロジックを組み立ててつくる必要になるからです。

当たり前のことですが、**あなたに自分の結論や意見がないと、結論や意見から話すことはできません。**だから、政治、経済、文化、そして時事ネタ……など、あなたは多様な事柄に対して、自分の結論や意見を持つ思考習慣を持っておくべきです。

論理的思考は、起業家がビジネスを成功させるために必要なスキルです。自分の方針や意見をはっきりと伝えなければ、自分の利益やチャンスを失う場合があるからです。結論から話すことで、あなたは自分の利益を守れますし、チャンスを引き寄せられます。

「ぐだぐだ、回りくどく言わないで、結論から話せ！」とよく私は言われていました。**結論から話せるようになると、周囲からの評価はまるで変わりました。頼りになる存在になったんだ**と思います。

無理な「愛想笑い」絶対禁止！

自分のためにもならない、相手のためにもならない、そんなことは無意味だからするな、という話です。

コミュニケーションは、ぼっちや陰キャの人がコンサルタントで起業して成功するのに、最も重要な要素です。なぜなら、コンサルタントはクライアントや見込み客とコミュニケーションしながら、お金を稼ぐ仕事だからです。

ぼっち起業家の集客や営業のためのコミュニケーションのほとんどは、ライティングしたテキストを主軸にしていけばＯＫですが、**月に1回くらいは、自分のコミュ力をトレーニングする目的でセミナーや朝活、交流会などに参加してみる**ことをおすすめします。

理由は、見込み客が見つかるかもしれませんし、協力し合える取引先が見つかるかもしれないからです。加えて、世の中にはいろんな仕事があることや、いろんなタイプ、いろんな価値観の人がいることを知れるからです。特に、あなたとは異なるタイプや価値観の人と接することは、あなたの世界観を広げますし、度量を深くしてくれます。

例えば自己紹介をし合ったときに、相手の話があまりわからなかったり、興味が湧かなくても、**無理な愛想笑いをして、とりあえず、その場をしのぐみたいなことをやったり、空返事をするようなことはやめたほうがいい**でしょう。

これは、波風を立てない雰囲気をつくるかもしれませんが、お互いにとって何にもなりません。生産性はゼロです。あなたには間違いなく、モヤモヤが発生するでしょう。

無意味な反応で取り繕うことを癖にしないほうが断然いいです。人の話をちゃんと聴かないで空返事をしていると、いつかトラブルが起きます。相手があなたに軽んじられたと感じて、怒り始めるというのは、よくあるトラブルです。

「目の前の人と全力でかかわる」の実践法

そこで私が提案したいのが、**「目の前の相手と全力でかかわる」の実践**です。これは、相手が何を求めているのか、何を必要としているのかを理解し、提供することを意味しています。

そのためには、あなたは相手の話をきちんと傾聴する必要があります。そして、相手の思いや考えを理解することに集中しなくてはいけません。

相手に役に立ちそうな情報や知識があれば、それを話しますし、もし、相手の話をよく理解できないときは、理解するために質問をして、相手から適切な返答を受け取ります。これは、あなたの傾聴力と理解力を強化し、相手のためにもなります。

無理な愛想笑いをやめることは、自分自身を偽ることなく、真実の自分を相手に伝えることです。相手の話をちゃんと聴く姿勢は、あなた自身の頭と心をよく使うことになります。目の前の相手と全力でかかわることは、相手の立場や視点を理解し、それに基づいた提案や質問をすることです。

例えば、私が初めての人とコミュニケーションする場合、その相手に、「後日、誰かを紹介することを想定」して、基本的に相手の話を聴くことに徹することにしています。

具体的には、相手の仕事内容とターゲットを正しく理解しようとします。そして、「○○さんには、△を求めている××の人を紹介すればいいですよね？」と言って、会話を終えるようにしています。

こうすることで、相手の事業内容やニーズを適切に理解することができます。

実のところ、私の**一番の狙いは、相手に自分の第一印象を良くすること**なのです。つまり、杉本さんはちゃんと話を聴いてくれるいい人という印象付けを相手にしています。次の機会で、私がその相手に

「セールスをさせてほしいので、アポイントメントをお願いします」

と申し出ると、ほとんどの人が快諾をしてくれています。

自ら負荷をかけて強くなる

実は、この発想を私につくってくれたのは、ボブ・バーグ著『秘・人脈活用術』（ダイレクト出版）です。

私は、この本を読んでから1年間、あるトレーニングを課しました。月に一度、知

り合いがまったくいないセミナーや朝活に参加して、1人以上の人に自ら話しかけることを自分のトレーニングにしました。

陰キャでぼっちの私ですから、このトレーニングは本当にとてもつらかったですし、めんどくさかったのですが、決めたとおり、1年間続けました。その結果、一生付き合えるような友人のO・Tさんと出会うことができました。もちろん、彼から売上も得ました。

あなたも、**毎月1回だけセミナーや交流会に参加**してみて、知らない人とコミュニケーションすることをトレーニングとして、自分に課してみてください。

そうすることで、思考力や言語化能力が鍛えられることは間違いありません。**能力アップするトレーニングのポイント**は、つらい負荷をかけ続けることです。筋トレと同じことです。

第8章

ぼっち起業家のやっちゃいけないNGリスト

連絡なしドタキャンをすると、死にたくなる

無連絡ドタキャンは、やめたほうがいいです。あなたのために、です。

謝意とともにキャンセルする旨のメッセージを一本、入れておきましょう。その際、本当はズル休みでも仕方ありませんし、理由に嘘を書くのも仕方ないことだと思います。本心では謝意の気持ちがなくてもかまいません。**とにかく、自分を安心させるためにメッセージを一本入れておく**のがいいのです。

他人を巻き込んでいる予定や約束は、ぼっちや陰キャの人にとってストレス源になることがあります。

例えば、私の場合、予定の日が近づくにつれて、その参加に対する意欲がどんどん失われていくことは珍しくありません。飲み会はもちろんのこと、セミナーでもそうですし、告別式にさえ行くのをやめようかなと、思いを巡らせます。理由は単純で、めんどくさくなることと、大勢人が集まっている空間に行くのが嫌だからです。

約束をキャンセルする際には、できるだけ早めに主催者に連絡をすることが礼儀とされていますが、そうではなく、**「自分のメンタルを安心させるために連絡を入れる」**ようにしましょう。

ぼっちの人の中には、キャンセルの連絡をすること自体がめんどうだと感じる人もいます。キャンセルによる悪印象や不利益を避けるために、仕方なく約束を守る選択をする人もいます。

しかし、約束を守ることが自分にとって大きな負担となる場合、約束をすること自体を避ける選択もあります。

これは、自分自身と他人との関係を守るための1つの方法です。

約束は、相手や目的から判断して最小限に抑えるのが楽な生き方になります。例えば、私は、大人数の集まりには基本的に参加しないと決めています。この選択は、キャンセルによるストレスや罪悪感を避けるための作戦です。

約束のプレッシャーを減らす秘策

特に避けるべきは、繰り返しますが、無連絡ドタキャンです。理由の第一は、あなたのためです。後で大きな精神的な負担になることがあるからです。

もちろん、主催者や他人にも迷惑をかけることにもなります。心臓に毛が生えているような図太いメンタルの持ち主であれば、無連絡ドタキャンの影響を受けにくいのかもしれませんが、ほとんどのぼっちや陰キャの人にとっては、そのような行為は自己嫌悪や後悔に苛まれ、そして相手との関係悪化をも招きます。

約束を最小限に留めるやり方とともに、私が提案したいことが1つあります。

それは、**あなたが主宰者になる**ことです。

このやり方は、私もやっています。実は、成功ぼっち起業家の人なら、案外多くの人がやっていることです。

例えば、誘われて参加するのは人見知りなので、参加しにくいというU・Sさんは、この点を徹底しています。彼は、自らビジネスコミュニティの「カッコイイ大人（ＫＩＯ）」を主宰して、もっぱら誘う側、もてなす側に徹しています。

私もパーティや飲み会などに誘われてもほとんど参加しないのですが、自分で食事会やワイン会、勉強会（億男塾®）、「ＫＩＯ陰キャ×自由が丘支部」などを主宰しています。

なぜ主宰するかは、場所も日時も内容も自分の都合を最優先にできるからです。また、**主宰者の話は、自動的にみんなが聴いてくれる**ので、ビジネス的に有利になるからです。

あなたは自分自身の精神的な健康を最優先に考えることが大切でしょう。社交的な場面での不安を感じる人々にとって、自分自身を理解し、それに応じた行動をすることは、自分のメンタルを守ることになります。その具体的な解決方法が、自分が主宰者になることです。

（注意）あなたがキャンセルすることで、事前に約束しているペナルティがあるのなら甘受するのは当たり前のことです。また、主催者や飲食店などに金銭的負担をかけたのなら、これをあなたが負担することも当たり前のことです。

やばいよ、やばいよ! LIVE配信でボロが出る

SNSの世界では、LIVE配信が新たなコミュニケーションの形として注目されています。視聴者との直接的なインタラクション（相互のやりとり）により、エンゲージメントが高まることは間違いありません。

しかし、すべての人にLIVE配信が適しているわけではないのです。特に、陰キャやぼっちの人、人見知りが激しい人、口下手な人にとっては、リアルタイムでの反応や対応が求められるLIVE配信は大きなプレッシャーとなります。また、予期せぬ質問やコメントに対処することは、緊張を高め、自信を損なう原因にもなりかねません。

LIVE配信のリスクには、あなたへの好意的ではない発言やコメントへの対応力も含まれます。誰でもアクセスできる公開の場では、不意の批判や攻撃的なコメント

に直面する可能性もあります。これらをうまく処理するには、高いコミュニケーションスキルと迅速な判断力が必要です。

私は、**ぼっちや陰キャの人には、「テキスト主体」のコミュニケーションを強く、おすすめします。**

テキストベースのコミュニケーションは、より計画的で熟考して決めた内容で、相手と静かにコミュニケーションすることができます。テキストによるコミュニケーションは**ライティングを通じて、自分のペースで反応をする余地があります。**これにより、あなたは発信する際のプレッシャーを減らすことができますし、落ち着いて自分が選んだ言葉で着実にメッセージを伝えることができます。

結局のところ、ＳＮＳでの成功は、自分に合った方法を見つけ、それを最大限に活用することにあります。

ＬＩＶＥ配信が自分にとってストレスとなるならば、テキストを中心としたコミュニケーションで、自分らしいスタイルを築くことが、より生産的で満足のいく結果をもたらすでしょう。自分の強みを活かし、自分に合ったペースでＳＮＳ運用をこなして、最終的にあなたは売上を得て、ビジネスを成功させることが目的です。

とにかく、〝下手を打つ〟可能性が高まるＬＩＶＥ配信を私は、おすすめしません。

もし、ＬＩＶＥ配信をやってみたい場合は、まずは他者のＬＩＶＥ配信に視聴者として参加することを重ねてみるといいと思います。そこで、自分の受け応えの可能性を探り、準備をしたり、練習をしてみるのもいいでしょう。

ＳＮＳでリアル友達を求めるな

ＳＮＳは、「ビジネスを成功させるためだけに利用する道具」だと、向き合い方を決めて利用するといいでしょう。ＳＮＳでリアル友達をつくろうなんて欲求を出すと、傷ついたり、騙《だま》されたりする確率が高まってしまいます。

ＳＮＳは、現代社会において多様な役割を果たしています。

でも私は、もっぱらビジネスの成功を促進させるためのツールとして利用していきます。マーケティング戦略を展開したり、ブランドの認知度を高めたり、見込み客とのコミュニケーションを図るためにＳＮＳを活用しています。

はっきり言って、ＳＮＳ上で別に誰とも仲良くしたいとは思っていません。もちろん、ケンカ腰ということではありません。**とにかく、新規顧客獲得のためと、ブランディングのためにＳＮＳを活用**しています。

この活用法をすべての人にすすめるわけではありません。

人はそれぞれ異なる背景や価値観を持っており、ＳＮＳの使い方も千差万別でＯＫということは言うまでもありません。

例えば、ある人はＳＮＳを通じて新しい友達をつくることを楽しんでいるかもしれませんし、別の人はビジネス上の人脈づくりのためだけにＳＮＳを利用しているかもしれません。また、ＳＮＳは、趣味や特定のコミュニティに属する人々が集まる場としても機能しており、共通の興味を持つ人々が交流するためのプラットフォームでもあります。

ＳＮＳは、私たちの生活において多くの可能性を提供してくれています。それはビジネスチャンスを広げるものであったり、新しい友情を育む場であったり、自己表現の手段であったりもします。人それぞれがSNSをどのように利用するかは、その人の個性や目的によって異なります。

もしSNSでリアル友達を求めるとき、メンタルとお金を守るコツ

ただ、ぼっちや陰キャの人がSNSで、もしリアル友達を求めるなら、自分のメンタルとお金を守るためのコツが2つあるので知っておいてください。

1つ目は、その**相手とはゆっくり、間柄をつくっていく**ことです。リアルで会うまでに**2年間くらい時間かけて**、じっくりと仲良くなると、会ってからのギャップが少なくて済みます。

そして、もう1つは、課金しないことです。何かに誘導されて、お金を使うとか、お金を貸してほしいと言われても、決してお金を出さないように気をつけてください。お金を使わなければ、たとえ騙されたとしても、ショックは少なめで済みますから。

しかしながら、**SNSはビジネスのため、つまり、お金儲けのためにうまく活用す**

ることに専念してほしい、これが私の本音です。

人間関係がめんどうな下請け仕事は断る

起業して、売上をつくる素が、仕事を受注することです。

受注は、大きく2つのルートに分類できます。

1つは、あなたが自分でマーケティングやセールスをして受注する通常パターン（A）。そして、もう1つ、同業他社や広告代理店、その他の会社が受注した仕事をあなたが外注先として請け負うパターン（B）です。これがいわゆる〝下請け仕事〟です。

次ページの図のBのパターンでは、あなたは発注元に対して仕事を受注するための働きかけを、特に何もやらないのが通常です。元請けの会社が営業してくれ、条件交渉をした上で、あなたにその仕事の全部、または一部を振ってくれ、あなたは請け負います。Bパターンと同じ構造で、コンサルタントや講師を派遣する会社もあります。こちらは、登録して、待っていれば仕事が振られてきます。

2つの受注のルート、できれば「下請け仕事」はしないほうがいい

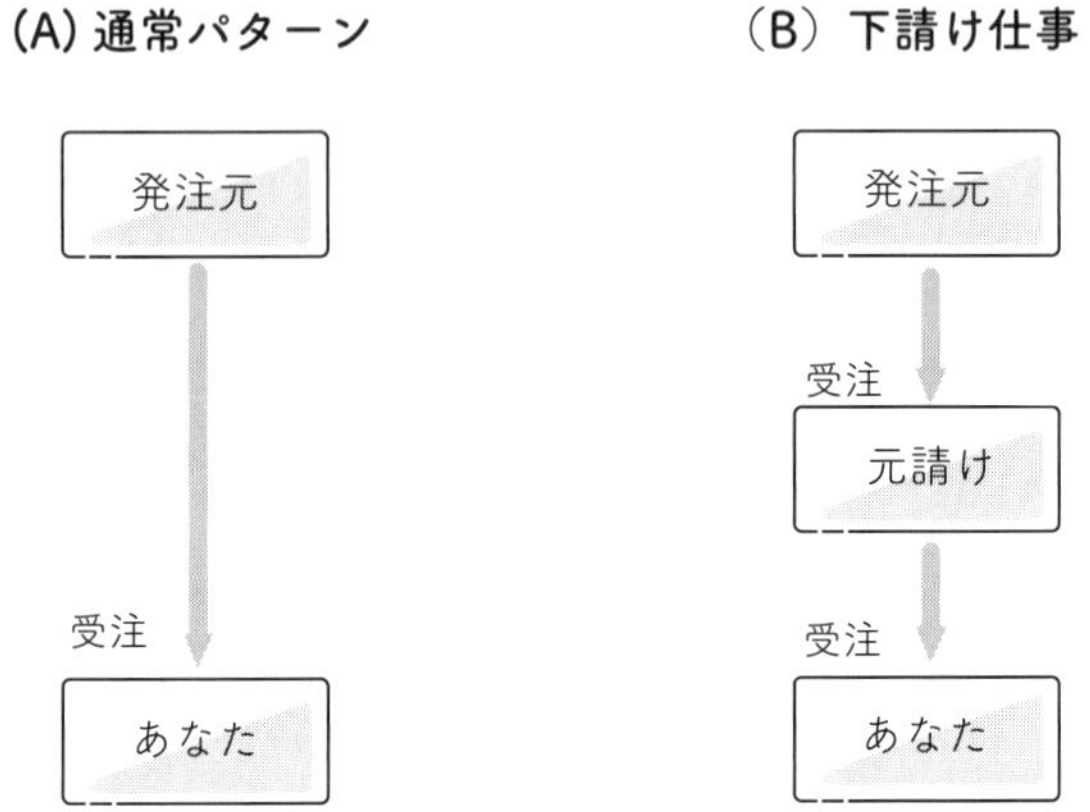

下請け仕事のメリット、デメリット

あなたは、このＢパターンを見て、「楽々で、おいしい」という印象を抱いたでしょうか、それとも**「他人が介在していて、ややこしい」**と思ったでしょうか。

下請け仕事のメリットは繰り返しますが、自分で集客活動をしなくて済む点で、セールスや交渉事が苦手な人にはとっても魅力的です。

一方でデメリットも当然、あります。

例えば、受注案件がコンサルティングにしろ、制作でもそうですが、現場である元々の発注元と、あなたにお金を支払ってくれる元請けの**二方面に気を遣わなくてはいけなくて、これが人によってはめんどくさく感じますし、ストレス源になるかもしれません。**

このとき、元請けがちゃんとしていれば、きちんと仲介してくれて、あなたと発注元が直接やりとりすることがほとんどないようにディレクションしてくれるのですが、適切に間を取り持ってくれない場合、元請けはあなたが事前に了解していないリクエストを、「これくらいなら大丈夫だろう」と悪びれることなく、言いたいことを言ってくることもあります。

しかしながら、あなたは条件交渉をする立場ではありませんし、あなたに仕事をくれた元請けの立場を考えると、何も言えず、**言われるがままに〝圧〟を受け入れることにもなるかもしれません。**

私は、**陰キャやぼっちの起業家は基本的に、下請け仕事を引き受けないほうがいい**と判断しています。

そもそも、ぼっち起業家は、会社や学校での人間関係やコミュニケーションが苦手です。自分が板ばさみになるような、多方面に気を遣う難しい立場を選ばないことが、自分の身を守ることになると思うからです。余計なイライラや不安はないのが気楽ではないでしょうか。気を遣うのは、お金をくれる人だけに絞り込むのが楽だと思います。

下請け仕事を断るタイミング

ただし、下請け仕事を断るのは、ビジネス上のサバイバルに勝てそうになってからのタイミング、つまりキャッシュフローが順調になった後からにする、というのも現実的です。

起業して1、2年の間は仕事を選ばずに、何でも引き受けて、何とか工夫しながら、根性で頑張るという選択も、間違いではありません。背に腹は替えられないからです。**もし、あなたが勇気を出して、下請け仕事を1件、問題なく終えることができれば、コミュニケーション能力は飛躍的に成長している**と言っても過言ではありません。これは、**ハイレベルなドSトレーニングの領域**です。

私は、多方面に気遣いをするのがめんどくさいので、下請け仕事や派遣仕事は、ほとんどやったことがありません。引き受けるとしたら、単発の1回限りで終わる仕事、または、元請けの社長が知り合いで、私がコントロールできるパワーバランスのときのみにしています。

ぼっちや陰キャの社長にとって、下請け仕事は一見すると楽で効率的な選択のように見えますが、**実はそれは猛獣が潜む茂みのようなもの。**表面上は平和そうに見えても、実際には予期せぬ落とし穴があるかもしれませんから、少なくとも慎重に考えるようにしましょう。

お金という餌に騙されて、ものすごい苦悩を味わっている起業家は少なくありません。そして、ナメられないように、気をつけてください！

ぼっち起業したら、あなたが自分のビジネスの舵をしっかりと握り、自分の道を切り開いていくのですから。

SNSの裏垢は、つくらない

裏垢《うらあか》とは、主にSNSで使用される「裏アカウント」の略称で、公開アカウントとは別に個人が秘密裏に作成するアカウントのことです。通常、本名や公開プロフィールとは異なる匿名性の高いアカウントで、自由に意見を述べたり、プライベートな内容を共有したりするために使われています。

例えば、有名人が裏垢でトラブルになった事例としては、次のようなものがあります。


◉元ＡＫＢ48渡辺麻友さんの、変顔や暴言が流出。

◉俳優の広瀬すずさんの、交際情報や暴言が発覚。


その他、ネット上では多数の芸能人のトラブルを確認することができます。

これらの事例からもわかるように、裏垢の存在が明らかになることで、あるべき理想的なイメージを壊してしまいます。

もし、あなたに今現在、裏垢があるなら、**私は「裏垢アカウントの削除」をおすすめします**。なぜなら、**ろくなことが起きない**からです。

ある元起業家Ｘ・Ｙさんは、裏垢で、最初は自分だけが登場する日記みたいな発信をしていましたが、だんだんと業務上での愚痴が増え、挙句の果てには取引先やクライアントなどかかわっている人たちへの批判とも受け取れる内容ばかりになっていきました。その発信を運が悪いことに、その一人にバレてしまい、大ごとになってしまいました。結果、太い収入源をなくして、彼は廃業に至ってしまいました。

思っている以上に危ない裏垢のリスク

ぼっち起業家が、ＳＮＳの裏垢で奔放な発信をしていることが発覚すると、多くのデメリットがあります。

これらのデメリットに火がつくのは、あなたが成功して注目されるようになってから。その確率が高そうです。

まず、コンサルタントであれば、〝先生〟なイメージが損なわれる可能性があります。何かを教える先生の世界では、信頼され、敬意を抱かれていることはとても重要です。裏垢で不適切な内容を発信することで、その信頼を一気に失うことになってしまいます。

また、裏垢からの発信が公になった場合、Ｘ・Ｙさんのように顧客や取引先との関係が損なわれる恐れがあります。また、新規顧客獲得の機会の喪失につながることもあります。さらに、過去客を悲しませます。

裏垢での発信は、法的な問題も引き起こす可能性があります。

例えば、個人情報の漏洩《ろうえい》や名誉毀損《きそん》など、法律に違反する内容を投稿してしまうと、訴訟を起こされるリスクがあります。これにより、あなたのビジネスとあなた個人に大きな打撃を与えます。また、裏垢での発信が原因で、クライアントや取引先の機密情報が漏れることもあり得ます。

これが競合他社に利用される危険性があり、ビジネス上の重要な戦略が漏洩することになりかねません。

結局のところ、裏垢での発信は、一時的には、スーッとするような解放感があるかもしれません。また、世間ウケして、バズるかもしれませんが、**最終的には「人」としての信頼性と評判を損なうことにつながります**。

そのため、ぼっち起業家は、自分自身とビジネスの価値を守るためにも、裏垢をつくったり、運用しないのは賢い選択になります。それに、起業すると忙しいので、お金を生まない裏垢まで世話をするのは、手が回らなくなるものです。バカバカしくなるのでしょう。

それでも、愚痴や悪口を発散したい人へ

それでも愚痴や悪口を言って、発散したいなら、それには上手なやり方があります。

それは、**「信頼できて、あなたの具体的な話をよく理解できない相手に口頭で話してみる」**ことです。

例えば、**恋人や配偶者に〝話す〟のがおすすめ**です。相手が聞き上手の人なら、とても心地よく悪口が言えるはずです。その際、絶対に記録に残らないように工夫する意味で、ＬＩＮＥやその他のＤＭに入力して、コミュニケーションするのは避けましょう。送り間違えることや流出防止のためにです。

さらに拡散させないためにも、です。また、たとえ話し相手が恋人や配偶者であっても、具体名や固有名詞を仮名や偽名で言い換えておく工夫もおすすめします。なぜなら、その恋人や配偶者といつまで仲が良くて、信用し合える間柄が続くのかわからないからです。

あなたにはあなた自身を、全力で、丁寧に守ってほしいと思います！

苦手な人を顧客にしない

お金をたくさん稼ぐ原理は、シンプルです。

できるだけ高い客単価を目指すこと、そして、件数を増やすことであり、この両方を目指すことです。

それは、こんなふうに表すことができます。

売上＝客単価×件数

陰キャやぼっち、人見知りの性格を持つ起業家にとって、苦手な人をお客様（クライアント）にすることは、大きなチャレンジ、挑戦というレベルの話になります。

なぜなら、一人で仕事をする「ぼっち起業」という選択の大きな動機に、人付き合いがめんどくさい、コミュニケーションするのが嫌だという特性がありますよね。それなのに、よりによって苦手な人をお金を稼ぐ対象とするのは、とてもハードルが高いと言わざるを得ません。

自分の性格やストレス源を理解し、あなたは自分がコミュニケーションしやすい相手、しにくい相手をそれぞれ認識しておく必要があります。

例えば、私が苦手としていて**お客にしない人**は、明確です。

①電話をかけてきたり、電話を求めてくる人。
②説明済みの内容について何度も質問してくる人。
③威圧的な人、自分のルールを押しつけてくる人。

こういう人たちと取引をすると、私の「マイペース&マイルール」を保てなくなります。

相手の一方的なルールは受け入れがたいのですが、自分のペースやルールは死守したい。これは何とも図々しい言い分だということは百も承知です。でも、私にとってはとても大切なことなのです。嫌な相手をお客様にするとストレスになって、仮に高額案件だったとしても、もうめんどくさくて、逃れたいとさえ感じてしまいます。

苦手なタイプと仕事するときのコツ

ただ、収入が不足しているときは、こういう〝嫌な人〟をまったくお客様にしてこなかったかと言えば、それは嘘になります。

そういうときは、なんとか我慢しながら、気持ちをごまかしながら取引をしてきました。まさに、**「お金のために」**です。

こういうときのしのぎ方は、〝ゴール〟をちゃんと決めて臨むことです。いつまで取引するかの**期日、終点を決めていれば、陰キャやコミュ症のぼっち起業家でも、その期間限定なら頑張ることができる**からです。

陰キャや人見知りのぼっち起業家は、自分と同じような性格の人たちをターゲットにすることで、共感を生み出しやすくなります。このような人たちは、同じようなコミュニケーションスタイルを好むため、ビジネスとしても関係を築きやすくエンゲージメントも強められます。

しかし、知っておいてほしい経営上の話があります。

ある種の人たちをお客様から排除することは、ビジネスの成長を拡げる機会を失う可能性があることも事実です。

そのため、**苦手で嫌な人たちにも〝それなりに対応〟ができるようにすれば、ビジネスチャンスは広がります。**

その方法として、**自分が元請けになって外注先を利用して稼ぐことも有効な作戦**です。これにより、あなた自身は得意とする相手に集中することができます。

結局のところ、陰キャや人見知りの起業家が苦手な人をお客様にしないことは、仕事をしやすくし、稼ぎやすくする環境づくりということなのです。

売上も対人も「最高の想定」だけにしない

ビジネスをやる上で、成功する人は当然やっていることなのに、失敗する人がやっていないことがあります。

それは、売上見込みであっても、対人関係であっても、最高の想定だけではなく、

最悪の想定も常にしていることです。これを常にやっているのが、起業して負けない成功ぼっち起業家です。

常に最高の結果を期待するだけでなく、最悪のシナリオに対する準備をしているのが起業して10年以上うまくいっている人たちの共通点です。

たとえ困難が発生した際にも、事前に想定しているので最悪だとも思いませんし、陰キャやぼっちの起業家さえも、冷静さを保ち、適切に対処できるだけの余裕を持てます。

最高の結果を期待することは、期待感で前向きで楽しくなり、目標に向かって前進するために重要です。しかし、ビジネスはいつも相手との折り合いの結果なので、不安定です。

相手次第、お客様次第、市場や社会によるというものです。市場の動向、社会状況、競合他社の戦略といったことはもちろんですが、何よりもあなたの特定の相手の事情など、多くの外部要因が売上に影響を与えます。

そのためにも最悪のケースを想定しておくことは、リスク管理の基本中の基本と言えます。

また、対人関係においても、いつも、みんなと良好な関係を維持できるとは限りません。あなたが悪くなくても、相手の経済状況や体調、また誤解などでも、あなたとの関係にトラブルを生じることがあり得ます。ずっと良い関係であった人とも突然、ちょっとしたことがきっかけで最悪な状況になることもあるので、そうしたときに備える心構えを事前にしておくことが賢明です。

「最悪の事態を想定」をするメリット

最悪の想定をすることは、多くの場面で非常に有益です。これは私がかつて会社員をしていたときに、当時の上司に口が酸っぱくなるほど指導されたことです。

最悪の事態を想定することは、いわば、想定外をなくしておくことです。

自分でコントロールすることができない外部環境、他者や社会のことは、ある程度期待しないことです。もし良くない事態が起こっても、あなたは感情的な反応はせず、事前に準備をしておいた自分軸での対応が可能になります。そうできれば、イライラや不安は最小限に抑えられますし、それにより冷静な判断ができ、経済的に最悪な状況からも逃れられるはずです。

例えば、私はいつも最悪の想定〝も〟する習慣があります。見込み客にセールスするときやクライアントに企画提案をするときの相手の反応はもちろん、移動する際の鉄道の運転状況、台風や大雪などについても、です。

次の予定に対応するために、スマホのアラーム設定も頻繁にしています。

これは、私が陰キャで〝ビビり〟だからです。ドキドキしたりイライラするのが嫌だから、事前に悪い想定もしておきます。でも、同時に最高の想定も必ずしています。

自分があまり驚かずに感情コントロールできて、〝明鏡止水〟でいられるのは、想定を最高なことも、最悪のこともしているからだと思います。

最悪なときに、わざわざ「ポジティブシンキング」しない

私は、ポジティブシンキング否定派です。危険だからです。ポジティブシンキング一本やりは、バカげていると思っています。

ポジティブシンキングとは、物事に対して、肯定的で前向きな姿勢や積極的な解釈をすることです。この思考法は、「自分にとって理想的な思いが現実になる」という考え方をしていて、悪いこと、悲しいこと、嫌なことに必要以上にとらわれないようにすることです。

起業家精神とは、挑戦や開拓、成長などが原動力ですが、**過剰で無理のあるポジティブシンキングは、リスクが大きくて危険だからやめたほうがいい**と、私は考えています。

楽観主義は、モチベーションを高め、困難に立ち向かう勢いを与えますが、現実を見失う可能性が非常に大きいのです。それに、重要な危険信号を見逃す原因になり得ます。

例えば、好きなことで起業する人なんかにも当てはまります。自分にとって都合よく、自己肯定して市場のニーズを評価することで、判断ミスを引き起こし、えらい目に遭うことは簡単に予想できるでしょう。また、危機や失敗から素直に学ぶ機会を逃し、同じ過ちを繰り返すことにもつながるでしょう。

実際、そういう起業家は少なくありません。起業家が現実的な努力と準備を怠ると、ビジネスは脆弱なままで成長しません。

自分を慰めるような好き勝手なポジティブシンキングばかりしていては、リスクを高めて、最悪の場合、やり直しの機会もなく廃業や倒産という末路になってしまうかもしれません。

そうならない場合でも、クライアントや取引先、それに銀行との信頼関係にも影響を及ぼし、もしあなたを現実とかけ離れた楽観主義者だと判断したら、印象や評価は低下し、関係は悪化するでしょう。あきれて、あなたとの関係を解消するようになるかもしれません。

もしポジティブシンキングをするなら、同時にネガティブシンキングもすることをおすすめします。バランスの取れた視点を持ち、事実をそのまま曲解しないで受け取り、楽観と懐疑の間で適切なバランスを見つけることが、ビジネスを持続させます。

とにかく、最悪な状況のときにポジティブシンキングは厳禁です。

最も優れた成功ぼっち起業家なら、ポジティブでもネガティブでもない、ニュートラルな現実把握力を持っています。

他者が言うことを、すぐに真に受けない

これは、あなた自身のメンタルを守るための心得です。

私は、しばしば人の話を真に受けて、喜び勇んだり、逆にひどく傷ついてきました。私は、言葉に対して敏感な特質を持っていて、相手が自分に対して発した言葉との距離感をよく間違えていました。もう少し詳しく説明すると、自分が受けた言葉の意味を、いわば〝国語辞典に掲載〟されているとおりに理解して、真に受け止めてしまう癖を持っていました。

でも、**社会一般の割と多くの人は、それほど真剣な言葉選びをしていません**。また、悪気なくいい加減に言葉を使っていて、国語辞典の正式な意味とはほとんど乖離《かいり》している意味合いでの使い方も、よく見受けられます。

しかし、私はこれまでの人生の大半で、この事実をよく知りませんでした。だから、相手の意図と自分の受け止め方にギャップが生じて、私はよく相手の意図とは全然違う意味で解釈してしまい、過剰にうれしく思わされたり悲しく思わされたりしていま

した。

言い換えると、私は相手との距離感を間違えて、勝手に傷つくことがあったということです。それは、相手の言葉を真に受ける癖があったからです。

余裕を持って受け止めるコツ

言葉はコミュニケーションの基本的なツールであり、人々が互いに思いや考え、情報を交換し合います。

言葉には、パワーがあります。その副作用として、人を傷つけることもあります。

特に、内向的な性格の「陰キャ」や、思考力に長けた「ぼっち」の人々は、他者からの言葉に対して敏感であることが多く、発した本人としてはたいして意味のない言葉にも、深く傷つくことがあります。

私たちは、しばしば社会的な交流において繊細な感受性を持ち、言葉のニュアンスや意図を鋭敏に感じ取るため、他人が何気なく発したコメントや批評に対しても、過剰に反応してしまうことがあります。

そこで、私が最近実践し始めたのが〝真に受けない〟で、余裕のある受け止め方を心がけることです。

つまり、**受け止め方、解釈に選択肢や他の可能性を探る**ことを実践しています。

「こういう意味だろうけど、別のこんな意味なのかもしれない。もう少しコミュニケーションしてみないと……」

という感じに受け止めてみるのです。

これは、他人からの言葉を自分のメンタル、特に自尊心に対して悪い影響を受けすぎないようにするテクニックです。

ぼっちや陰キャの人が、他人の思いや考えを自分勝手な思い込みによる解釈で、正しく受け取らず、傷つき、メンタルがボロボロになるのは、避けるほうがいいに決まっています。

この対応策は、心理的、そして時間的に距離感に気をつけることです。

その意図を相手に確認をしたり、それが難しい場合は、自分の瞬間的な反応を信じないで、余裕を持って相手を洞察して真意を理解するように心がけてみてください。

焦らないでゆったり構えるのが、あなたが自分のメンタルの平穏を保つコツです。

自分自身の感情や反応をコントロールして、不必要な心理的負担から逃げる技術を、起業して成功している人は身につけています。

逆に失敗している人の多くは、ストレスから距離をとることを意識的にやっていなかった人たちであることを知ってほしく思います。

このテクニックはもちろん、そんなに簡単に身につけられることではありませんから、すぐにできなくても落ち込まないでください。

人は他人からの言葉を気にする生き物であり、特に親しい人や尊敬する人、好きな人からの言葉には、大きな影響を受けるものです。見込み客やクライアント、取引先からの言葉には敏感になって当たり前です。

言葉に敏感な人々が「真に受けない」ためには、**相手には相手の国語力と価値観、それに文化があることを踏まえることで、余裕をつくり出す**ことができます。決して同じ言葉であっても、あなたの意味と相手の意味とが合致しているかどうかは、わかりません。出会ったばかりだと、ほとんど不一致だと理解していても差し支えがないでしょう。

また、自己理解を深めれば、他人の言葉に振り回されない強さを育むことができます。

さらに、言葉に敏感な人々が他人の言葉を「真に受けない」ためには、コミュニケーションのスキルを磨くことも重要です。相手の言葉の背後にある意図や感情を理解し、適切な反応をすることで、誤解を防ぎ、より良い人間関係を築くことができるようになります。

ぼっちや陰キャの人が、他人の言葉を「真に受けない」ことは、自己保護のためだけでなく、自分自身の成長と発展のためにも重要だと言えます。

第9章

明るい未来しかない、ぼっち起業のメリット

クソ上司がいない、パラダイス

あなたがぼっち起業すると、クソ上司とおさらばできます。上司だけでなく、同僚も先輩も後輩も誰もいません。それに、無意味な会議や半強制的な飲み会もありません。めんどうな挨拶も必要ありませんし、よくわからないルールを押し付けられることもありません。誰にも気を遣わなくてOKです。

自分でビジネスを立ち上げることは、自由を手に入れることでもあります。もちろん、その自由には結果責任が伴いますが、それはあなたの夢を実現するための代価のようなものです。

戦略は、あなたが決めたとおりに当然採用されますし、自分のペースで仕事を進めることができます。もうクソ上司に「それは無理だ」と言われることはありませんし、長々とした説教を我慢する必要もありません。

あなたは、自分のやりたいように、自分が信じる道を進むことができます。成功したときの喜びは、すべてあなたのもの。失敗したとしても、それもあなたへの学びの機会。あなたのビジネス、あなたのルール、あなたのパラダイスが「ぼっち起業」なのです。

しかし、ぼっち起業が全面的にパラダイス（楽園）ということではありません。時には孤独を感じることもあるでしょう。

でも、それは自分自身と向き合う大切な時間。自分の強みと弱みを知り、それは自分のビジネスを前に進めていくための土台になります。あなたの最高のビジネスパートナーは、あなた自身です。

ぼっち起業は、自分自身を信じ、自分のビジョンに従う「旅」を始めるようなものです。長期戦で時には困難が伴いますが、そのすべてが自分を成長させるためのステップであることは間違いありません。

そして、**クソ上司から解放された世界では、あなただけが主役**です。あなたの決断一つで、世界を変える可能性だってあります。有名カリスマ起業家・経営者の孫正義氏、永守重信氏、イーロン・マスク氏、スティーブ・ジョブズ氏、ビル・ゲイツ氏らはみんな、一人で闘ってきた人たちです。

私の話をすると、私は世界を変えることは目指しませんでした。私は自分とかかわる人みんなに人生を勝ってほしいという思いで、コンサルタントとして、クライアントをお金持ちにすることに励んでいます。ぼっち起業家としての毎日を闘い、充実させ、自分のパラダイスを築き上げています。

ぼっち起業は自由そのものです。そして、あなたの理想を叶えるための〝はじめの一歩〟です。

陽キャ・パリピの圧から解放される、フリーダム

職場や学校で陽キャやパリピからの圧が激しくないですか？　居たたまれない気分にならないですか？　私は、そうなっていました。

陽キャやパリピの人は、前向きで明るい性格で、外見はおしゃれに気を遣い、トレンドには敏感。そして、大勢の中でも自分の意見をしっかりと伝えられる人です。

さらに、さまざまな活動やイベントに積極的に参加し、彼らには人が集まってきて、ワイワイガヤガヤしています。

陽キャやパリピの人から陰キャやぼっちの人への誘いや発言には、ほとんど悪気はありません。深い意味がないことも度々です。

悪気がなくて無遠慮な彼らの振る舞いは、私たち陰キャやぼっちにとっては、まぶしすぎたり、唐突すぎたり、激しすぎたりしています。**ペースが違う**からです。

私はかつてアルバイトや会社で働いているときには勝手に圧を感じて、苦しくなることもありました。

でも、**ぼっち起業をすれば、付き合う相手は、自分で主体的に選ぶことになります。**自分の決断によってのみ行動を選択することになります。ぼっち起業をすることは、自由を手に入れることに直結します。

起きたいときに起きて、寝たいときに寝る。労働基準法は関係ありません。他人からの期待からも解放されます。強制力は何もありません。

ぼっち起業家は、自分の価値観や目標に合わせて、人それぞれカスタマイズした人生を実現します。その手段が仕事そのものですし、得られる収入です。それを自分で切り開きます。そして、それは多くの人にとって、真のフリーダムへの道となります。

「ぼっち起業家」になる、ということは、自分のルールとペースで自分の人生を好きなように創る人になる、ということです。

ここで1つ、知っておいてほしい大切なことがあります。

自分で自分の人生を創ると言っても、決して、一人ではないということです。口ベタであれ、人見知りであれ、陰キャであっても、自分以外の人とコミュニケーションをすることで、ビジネスも人生も創られます。結局、人間関係もビジネスも、コミュニケーション、人とのかかわり方の結果ということです。

思う存分にひきこもれる、極楽浄土

私、自覚をしていなかったんですが、人から言わせると〝ひきこもり〟のような状態にあるみたいです……。なぜなら、部屋にいる時間が1日の大半を占めていて、コンサル指導のセッションがない日が続くと、誰とも会話をしない日が続くからです。でも、私はこういう状態をとても心地いい、快適だと感じています。誰かと話さないではいられないとか、寂しいという気持ちにはおそらく、まったくならない性格の持ち主です。自分にとって、この上ないレベルで居心地がいい状態を極楽浄土とたとえるなら、私の場合は〝ぼっち〟でいることなのかもしれません。

独立してビジネスを始めることは、多くの自由をもたらします。

特に、自宅で仕事をすることの自由は、多くの起業家にとって魅力的です。移動時間をなくせますし、移動のための交通費も削減できます。例えば、朝10時に起きたとしても、みっちり8時間仕事をしても、まだ夜の7時くらい。自分のペースで仕事を進めることができ、通勤時間を気にすることなく、一番安心できるプライベートな空間で集中して作業をすることが可能です。また、自分の好きな時間に仕事をすることができるため、仕事とプライベートのバランスを取りやすくなります。

しかし、家での仕事は孤独を感じやすい側面もあります。人との交流が少なくなるため、孤立感を感じる人もいるでしょう。

そんなときは、**毎日30分間程度でも近所を散歩してみるといい**です。自宅の近くなのに、一度も歩いたことがない道は、意外に多いものです。定期的に外に出て自分が住んでいる地域を散策して観察したり、カフェや喫茶店に立ち寄る、入ったことがないお店を覗《のぞ》いてみたり、公園に行くこともおすすめです。会社や学校に通っていると、近所なのに知らないことが多くてびっくりするかもしれません。それに、もちろんリアルのセミナーやオンラインでのコミュニケーションを積極的に行なうことも大切です。

ひきこもることができるぼっち起業家は、自由で居心地がいい反面、自宅での仕事は自己管理がハイレベルで求められます。何時に起きても、ずっと寝ていても勤怠管理はありませんし、誰からも怒られません。これがリスクです。時給や月給のように働けば、それなりの収入が得られるのとは異なります。フルコミッションの世界です。

総じて、**一人で起業することは、自由と責任が共存する世界に飛び込むこと**です。結果次第で、極楽は地獄になることもあるわけです。

ぼっちは、人一倍自立している

多くの人が〝ぼっち〟をネガティブにイメージしているかもしれませんが、私は全然違います。ぼっち肯定派ですし、ぼっちで成功している人へはリスペクトも強いです。

実は、成功ぼっち起業家の人たちを自立という切り口で見ると、彼らは人一倍、自立していると思います。積極的に好んで一人でいることは、他人に依存するのではなく、自分自身を頼りにする習慣が強化され、内面的な強さを育てる機会になります。**自立した人は、他人の助けをむやみやたらに頼むことなく、自分で思考したり調べてみたり、試してみた上で判断し、結論づける**ことをやっています。

頭が良いとは、知識や情報をたくさん知っていることではありません。知識を総動員して、適切な結論を出す過程で、粘り強く思考できる人のことですから、まさに、ぼっちの人には頭が良い人が多くいると私は分析しています。

これは、精神的にも知的にもある程度成熟していないとできないことです。だから、ぼっちの人には、自分に自信を持ってほしいと強く思っています。

一人ぼっちの時間は、自己理解と自己発見のための貴重な時間です。

自分自身と静かに向き合うことは、自分の価値観、信念、目標、それに課題や不足点にも改めて認識することにつながります。また、一人でいることは、創造性や問題解決能力を高めることにもつながります。

新しいアイデアや解決策は、ほとんどぼっちで静寂の中にいるときにしか生まれません。例えば、私はクライアントに対する提案や自分のビジネス戦略について、トイレや湯船に浸かっているときに頻繁に思いつくことがあるのですが、まさにこのタイミングが訪れるのは、自分だけの静かな空間での出来事です。

自立は単に一人でいることだけを意味するわけではありません。**自立とは、自分の感情や行動、責任を自分で管理し、自分の人生を主体的に生きることを意味**します。それにはもちろん、自分が働いて稼いで、自分のコストは自分で負担していなくてはいけません。社会的なスキルやコミュニケーション能力も、当然必要です。

なぜなら、働いて稼ぐのも、生きていくこと自体も、他人とのコミュニケーションがあってこそ、成り立つものだからです。

ぼっちや人見知り、コミュ症であっても、見込み客やクライアント、それに恋人や配偶者や家族とは人間関係を築かなくてはいけません。そして、自分一人で解決できないことは、**必要に応じて助けを求めることも、自立した生き方に含まれます**から、注意してください。

自立するための突破口

一人ぼっちの状態が長期にわたると、孤独感や社会からの孤立感を感じることがあるかもしれません。

これには、２つの理由があります。

1つは、**あなたがその他大勢とは違うキャラや才能の持ち主であるから**ですし、もう1つの理由は、**人は本質的に社会的な存在であるから**です。

そのため、バランスはとても重要です。自立を育むためには、一人の時間を大切にしつつも、他人とのつながりを保ち、あなたに合ったやり方で社会に参加することも必要です。

結局のところ、一人ぼっちであることは、自立していることと完全一致ではありませんが、ぼっちは自立するための突破口になります。

30歳を超えるような年齢で、一人暮らしをしたことがない人が、日常生活で必要なことをできなかったり、知らないことがあって、なんとも頼りないのは、自分が生きていくために当然必要なことを、自分でコントロールしていないからです。

あなたが起業すると、あなたの選択次第で、すべてが決まります。主体的でなければ何事も進みません。自分で前へ進むことで、より強くより自立した人間に成長することができるのです。

成功する人は空気なんて読まない、読ませる

「杉本くん、あなた空気読めないでしょ!?」と大企業に属していたとき、取引先を慰労する宴会場の隅で同僚に言われたことをよく覚えています。たぶん、私、根に持っています……(苦笑)。

成功とは、個人の価値観や目標によって異なりますが、自分で決めた目標を達成することではないか、と私は考えます。

成功する人たちの特徴として、「まわりの空気を読まない」という表現ができます。言ってみれば、「まわりが空気を読む対象」になります。大谷翔平選手や中嶋聡オリックス・バファローズ監督もそんな人でしょう。なぜなら、成功していく人は、**社会**

的な同調圧力に屈しないからです。そして、自分の信念や直感に従って行動します。一般的な意見や期待に左右されず、自分自身の価値観を大切にして、自分で決めた目的や目標を基準にして決断を下し、着実に進みます。

こういう人たちは、「協調性がない人だ」と低評価を受けることもありますが、自分の目標達成に向けて最善を尽くすことを重視するから、それほど気にしません。**みんなから好かれようとか、人目を気にすることにエネルギーを使うことを無駄遣いだと考えている**人たちです。

挑戦する精神は、成功していく人々に共通する特徴です。

彼らは、新しいアイデアや未知の領域に対して恐れを持ちつつも、失敗を恐れることなく、新たな試みを行ないます。みんなに賛同され、支持されるようなアイデアや意見では、成功者には到底なれません。

挑戦は、必ずリスクを伴います。成功する人はそのリスクを計算し、目をつぶるのではなく、受け入れて進んでいきます。自分の選択や決断に対して責任を持ちます。自分の行動の結果が良いものであれ悪いものであれ、それに対する責任から逃げることはカッコ悪いことだからです。

失敗からは、成功したときよりも学び、成長することができますから、成功していく人は、失敗しても超速の勢いで気持ちを立て直して、学び直します。

成功する人々は、自分の直感や選択を大切にします。自信を持って、自分の考えを大切にする価値があるよう必要な準備や練習を欠かしません。他人の意見やアドバイスを聞くことはありますが、鵜呑《うの》みにはしません。調べたり検討をして、最終的な決断は自分自身で行ないます。

このように、自分がいつでも主人公である人生を選んでいるので、思うような結果にならなかったときでも、責任を他人や社会状況のせいにしません。他責の人で、成功する人などいないのですから。

結論として、**成功する人々はまわりの空気を読まず、同調圧力に屈することなく、自分の価値観や信念を大切にして生きています**。挑戦や孤独を恐れず、リスクを受け入れ、自分の選択に対して責任を持ちます。

これらの特徴をあなたも再現すると、あなたも目標を達成し、成功を収めるような人になれる確率はかなり上がります。

冒頭の私が会社員だったときの話に戻します。あのとき、他の同僚（労働者）の人たちと同じように空気を読んで、取引先の人たちや上司に対して、ビールを注いでまわって、ほとんど意味がない世間話をしていたら、今の私にはなっていなかったと思います。記憶が定かではありませんが、那須か鬼怒川の旅館を貸し切っての慰安旅行での出来事だったはずです……。

年収3000万円も夢じゃない

コンサルタントとして起業することは、職場や学校などで居心地が悪い人、仕事を何度も辞める人など多くの人見知りや陰キャ、コミュ症、ぼっちの人にとって魅力的な働き方の選択肢です。

会社員ではほぼ無理な年収3000万円も決して不可能ではありません。

しかし、そのプロセスは段階的に、まさに階段を上るようにステップバイステップで前へ進む必要があります。**ぼっち起業家で成功する人は、一攫《いっかく》千金とか、ワンチャン狙うという発想をほとんどしません。**

そうではなくて、**着実なステップを踏んでいく**ことが重要です。最初は月20万円の売上を目指し、徐々にその目標を上げていくことで、2、3年後には月100万円を達成することも可能です。

しかし、日本において月50万円を稼ぐ人は上位派であり、月100万円を継続できる人はさらに限られています。統計によれば、年収1000万円を超える人は約5％前後に過ぎません。Instagram やX、アメブロなどで、高らかに本日の売上50万円とか、月300万円達成などと投稿している人もいますが、私はその何割かは眉唾《まゆつば》ものではないかと懐疑的です。

経営においては、売上よりも利益が重要です。1年目で単月黒字を達成することを目指し、累積黒字を3年以内に達成することができれば、それは優秀と言えるでしょう。

初期投資は、将来の大きなリターンにつながるための種銭です。適切な投資は、ビジネスを加速させるレバレッジとなり得ます。逆に溶けて跡形も残らずなくなることもあります。お金を使ったのに、成果を得られないことです。そのほうが多いかもしれません。起業時には、お金の使い道を慎重に選ぶことが成功へのカギとなります。

知識と資金が豊富な人が勝って、成功していくというのは事実です。しかし、それらが現時点ではそれほどない場合でも、しっかりと作戦を立てて必要な努力や準備をすることで、成功をつかむことは可能です。私は、200万円からスタートして億稼ぎました。

年収3000万円を目指すには、まず年収1000万円を超えることが先決です。1000万円を超えたら、本の出版を検討するといいかもしれません。出版はブランディングを強化し、コンバージョン率が上がります。それを採用にも役立てることができます。

商業出版には、実績とあなたのノウハウを言語化する必要があり、容易ではありませんが、**実現できればあなたの評価は爆上がり**します。かつて居心地が悪かった学校や会社などからも講演の依頼が舞い込むことも珍しくありません。世間は、またまた**手のひらを返す**でしょう。

そして、年収3000万円を達成すれば、**社会への寄付**など、さまざまな形で貢献できる立派な人になれます。これは、あなたにとって大きな喜びや自信になるに違いありません。

ぼっち起業は、単なる収入の増加だけでなく、自由と責任を手に入れ、自己実現と社会貢献へのチャンスになります。

そのためには、継続できるビジネスプランが不可欠です。結局のところ、ぼっち起業は長期的な闘いですから、モチベーションや勢いに任せず、着実に一歩一歩前へ進むことで、失敗を減らす必要があります。

大失敗は、絶対に避けてください。仮に、起業がうまくいかなくて、借金を抱えたとしても、これは死ななくてはいけないような大袈裟なことではありません。

やっぱり、片手間では絶対成功しない

「片手間ダメ！　ど根性®」とは、私のコンサル指導での方針を表現したフレーズです。

「片手間でやる」とは、何かの合間や空いた時間だけ取り組むことを言います。腰を据えて、本気で取り組む姿勢と比べると、真逆の姿勢のことです。

「ど根性」とは、根性を強調した言葉です。**根性とは、あまり知られていないのです**

が、元々仏教用語で、仏の教えを受け入れることができる心の状態を意味しています。「根」は能力や素質を、「性」は性質を指します。したがって、仏教では「根性」は仏の教えを受ける者としての能力や資質を言います。そこから転じて、私が言う「根性」の正しい意味は、「率直な希望を実現させるために厳しい訓練にもくじけない強い気力」のことで、言い換えると、欲しい情況をゲットするまで、あきらめずに頑張り続けるという意味です。

ですから、**曲解されたスポーツ根性論の、むやみやたらに頑張る精神性のこととはだいぶ違っています**。

生きていて、自分にとって大切なことで、片手間でもうまくいく、ど根性なんて不要で楽々でも理想的な十分な成果を得られることは、まったくないのではないでしょうか？

◉ダイエット。
◉筋トレ。
◉美肌。

◉ゲーム。
◉プログラミング。
◉読書。
◉受験勉強や資格の勉強。

ましてや、あなたを育ててくれた親御さんは、あなたを片手間で、空いた時間にだけ思い付きでおっぱいを飲ませたり、お風呂に入れたりしていないですよね。そこには、主体的な意思や意図がほとんど必ずあったはずです。

今では成功コンサルタントと言われるようになった私もかつては、いろんなことを〝片手間〟で取り組んで、ほとんど何の成果も得られなかった体験を嫌と言うほどしています。

例えば、アフィリエイトやダイエットです。サボテンを枯らしてしまったことさえありました。**片手間では、何の成果も得られなかった**わけですが、悪いことはそれだけに留まりません。そこに費やした時間とお金も、まったくの無駄になってしまいました。結果は、何もなしのゼロではなくて、それ以下のマイナスの状況を招きました。

だったら、最初からやらなければ良かったという後悔、ストレスにも襲われました。本当に、片手間では絶対に成功しないことは多いのです。

ぼっち起業をしようと思ったら、まだ正式に起業する前でも、**まず取り組んでほしいことは「時間」をつくること**です。

起業について考える〝専用の時間〟を確保することから始めてください。なぜなら、うまく進んでいかない人や失敗する人の大半が、最初に専用の時間を確保することはやらないからです。

成功するかしないかは、時間を確保することからがスタートです。

「専用の時間を設ける」ということは、起業に対して真摯にまじめに向かい合うことでもあります。あなたは起業することを腑《ふ》に落として、覚悟を決めるための思考や感情の整理、それに他の諸々の自分のハードルを超える機会をつくる必要があります。

もちろん、今の仕事や学校を続けながらでかまいません。例えば、起業家が集まるセミナーに参加してみたり、コンサルタントのお試しプランを受けるのは、頭や心の整理と刺激になることでしょう。

「片手間ダメ！」とは、何か1つにしなさいという意味ではありません。

思いつきやいい加減な取り組み方では、決して理想的な結果を得ることはできないから、自分の目的に合わせた主体的で計画的な時間の使い方をしてほしいという意味合いです。

時間の使い方を、今とは革命的に変えるほうがいいでしょう。

あなたは**「ゆでガエルの法則」**をご存じでしょうか？

「カエルは、いきなり熱湯に入れられると驚いて逃げ出すのですが、常温の水に入れて徐々に水温を上げていくと、危機に気づけず、逃げ出すタイミングを失い、ひいてはゆで上がって最後には死んでしまう」

という理論です。

あなたには、「主体的に環境を変える」ことをおすすめします。超有名な経営コンサルタントの大前研一氏は、自分を変えるには次の3つしかないと言っています。

①住む場所を変える。

②付き合う人を変える。
③時間配分を変える。

とにかく、自由と自己責任という起業家の世界で「お金持ち」になったり、「自分の時間を他人にはコントロールさせない」「ストレスなく気分がいい人生を手に入れる」には、準備が必要です。

準備と言っても、狭い意味ではありません。もし、あなたがぼっち起業して、理想的なお金やその他の状態を手に入れるのに3年かかるのだとしたら、それまでの3年間すべてが準備という広い意味です。

さあ、まずは、最初の一歩を踏み出してみましょう。

最後にお伝えしたいことがあります。

「ぼっち、陰キャ、人見知り、コミュ症、基本的に直さなくてOK」です。

ここまでお伝えしてきたとおり、別に悪いことではありません。それが武器になります。**ぼっちなら、ぼっちのままで成功者になっていいのです。**

あなたがぼっちなら、ぼっちのまま、お金持ちになったり、最小限の人付き合いをすればいいのです。

友達は一人か二人いれば十分です。友達が100人いるとか1000人いるような人を私は信用しません。

『極上の孤独』（下重暁子著、幻冬舎新書）という本があります。この本を手に取ってみると裏表紙に、次のようなくだりがあります。その文章を紹介して終わりとさせていただきます。

そもそも孤独でいるのは、まわりに自分を合わせるくらいなら一人でいるほうが何倍も愉しく充実しているからで、成熟した人間だけが到達できる境地でもある。
集団の中でほんとうの自分でいることは難しい、
孤独を味わえるのは選ばれし人、
孤独を知らない人に品はない、
素敵な人はみな孤独等々、
一人をこよなく愛する著者が、孤独の効用を語り尽くす。

おわりに

最後までお読みくださりありがとうございます。本当に、本当に、本当に有り難いことです。

ところで、私は子供の頃から夢を抱いたことはありません。

私の子供の頃だと、男子はパイロットになりたいとか、プロ野球選手になりたいというのが定番だったと思います。

なぜ私には夢がなかったかと言うと、毎日、その日だけを生きていたからです。当時は、大人になってからの将来など考える余裕はまったくありませんでした。一日一日をしのいで、ようやく命をつないでいた感じでした。

実は、ぼっち起業して成功した今でも、夢を抱いていません。

でも、子供の頃とは明らかな違いがあります。

「こうしたい」「こうなりたい」という〝希望〟はいつも持っています。そして、私は次々と、着実に希望を叶えていっています。

それは、命を大切にして生きているからできているのだと思います。命というと、何だか大袈裟に聞こえてしまいますよね。でも命とは、毎日の時間そのものなのです。毎年、毎月、毎日、毎時、毎分、毎秒が、私の生命《いのち》ですし、あなたの生命です。


「時は命なり」とは、ホリエモンこと、堀江貴文氏の言葉です。

私は毎日、今を一生懸命に生きることにしています。時間を無駄にすると、とても悔しくて、悔しくて仕方ありません。時間は命です。

私もあなたも、必ず死にます。それがすぐなのか、しばらく経ってからなのかは誰にもわかりません。どうせ必ず死ぬんですから、死ぬまでは一生懸命に生きていようと私は発想して、毎日を過ごしています。

本当に非常識なことですが、私は「なるべく寝ない」ことも目標としています。理由は、毎日見たいドラマや映画、読みたい本がたくさんあるし、仕事上の作業でもたくさんやりたいことがあるから、普通に寝ていては、時間が全然足りないからです。

本書でも告白したとおり、私はほとんど部屋にいて、しかも布団の中で過ごしています。私は、毎日を好きなように生きています。他人にコントロールされないで自分軸で生きています。

あなたにも誰からも批判されないで、好きなように生きてほしいと思っています。もちろん、何かあれば、すべてがあなたの自己責任においてです。

好きなように生きるコツは「自分のことを大好きになること」です。

自分のことをイジメないで、大切に扱うことです。いじけている人、他人を妬んでいる人の中には、自分のことをイジメている人が多くいます。例えば、自分の可能性を簡単に否定するのは、自分へのイジメ、虐待行為だと私は思います。本当に、もったいないことです。

私は、あなたにお願いしておきます。

「あなたは、自分のことをイジメないで」、そして「自分の可能性を信じて」と。

私は、かかわる人みんなに人生を勝ってほしいという思いで、20年ほど前にコンサルタント業で起業しました。

勝つとは、余裕があって、いろんなことを何でも許す人になっている状態です。

余裕を持つための第一歩は、自分で十分に稼ぐことです。**稼いでお金持ちになれば、まわりからのあなたの扱いは変わります。**これは正しいか間違っているかではなくて、現実です。

とにかく、稼いでほしいのです。稼げば、何でも手に入りやすくなります。心の余裕も、余裕のある時間も手に入ります。突然、モテ始めるというのは、よくあることです。美貌や健康、知識だって、手に入りやすくなります。

そして、稼げば、「自由」が手に入ります。稼げば、幸せ度は爆上がりします。それに「自信」もゲットできます。

稼ぐために必要なことは、**「自分を知る」**ことです。特に、**「できることを知る」**ことですし、もし少なければ、できることを増やすといいでしょう。

そして、**「自分が役立つ相手や場所を知る」「相手の困りごとや悩みを知る」**ことも稼ぐための神髄です。

お金を稼ぐことは、意外と単純です。相手を助けること、相手を便利にすることに一生懸命になればいいからです。

あなたの人生は、死ぬまで続きます、死ぬまで、気分良く過ごしませんか？

そのために、とりあえずは、お金持ちになってほしいと私は思います。

ここで、**「自分の人生を勝ち抜く」と決めてしまいましょう。**


最後に――。

約20年前に、私に起業のイロハを教えてくださった松尾昭仁先生に感謝申し上げます。松尾先生と出会っていなければ今の私は存在しておりません。また、本書の執筆にあたり、インタビュー取材にご協力をいただきました30名を超える成功ぼっち起業家の方々、そして本事業に対して大きな自信を与えてくれた大田区大森をこよなく愛す平林寛社長、企画から多大なるご指導をいただきました潮凪洋介先生にも感謝を申し上げます。

そして何より、最後まで本書を読んでくださったあなたに感謝申し上げます。

本書があなたにお役に立てたなら、著者としてこれほどうれしいことはありません。

2024年8月

杉本幸雄

【著者プロフィール】
杉本 幸雄（すぎもと・ゆきお）
ぼっち起業家。起業コンサルタント。国内唯一無二の陰キャや人見知りの経営者向け交流会「KIO 陰キャ×自由が丘支部」支部長。1969年1月生まれ、明治大学農学部出身。幼少の頃から虐待やイジメに遭い人生の前半はドラマのようなどん底人生。人見知りであまり話さず、話してもどもってしまい、小学生の頃のあだ名は「障がい者」だった。独りぼっちでいることをむしろ好み、寂しいとか孤独だと感じることはなかった。社会人になってからは、正社員だけでなくアルバイトや派遣スタッフでも、どこで働いても長続きしないダメ人間。1カ所で最長で3年、最短では午前中2時間だけで辞めて帰ってくるほど。正社員だけでも10社以上に転職した結果、ついには、もう履歴書を書くのも面接に行くのもめんどくさくなったという理由で、ぼっち起業を決意し、およそ20年前にコンサルタント業で起業。日本で随一のぼっち起業コンサルタントとして、ぼっちや陰キャ経営者からのコンサル依頼が絶えない。逆境を跳ね返して幸せを得るコツは「片手間ダメ！ど根性®」の姿勢で、目標達成のために必要な努力を少しずつ着実に消化していくこと。好きな動物は、ガリガリに痩せ目つきが鋭い、野良猫。

「ぼっち起業」で生きていく。

2024年9月24日　　初版発行

著　者　杉本幸雄
発行者　太田　宏
発行所　フォレスト出版株式会社
〒162-0824 東京都新宿区揚場町2-18　白宝ビル7F
電話　03-5229-5750（営業）
03-5229-5757（編集）
URL　http://www.forestpub.co.jp

印刷・製本　萩原印刷株式会社

ISBN978-4-86680-288-6　Printed in Japan
乱丁・落丁本はお取り替えいたします。

「ぼっち起業」で
生きていく。

読者の方に無料
特別プレゼント

陰キャがお金持ちになるための
「おすすめ本」リスト

（PDF ファイル）

著者・杉本幸雄さんより

著者の杉本幸雄さんが、陰キャやぼっちがお金持ちになるために読んでおきたいおすすめ本を厳選してリストアップ。そのリストを読者特典としてご用意いたしました。ビジネス書から絵本、コミックまで、ぼっち起業コンサルタントならではの書籍リストです。本書の読者限定の貴重な特典です。ぜひダウンロードして本書と併せてご活用ください。

特別プレゼントはこちらから無料ダウンロードできます↓

http://frstp.jp/bocchi

※特別プレゼントは Web 上で公開するものであり、小冊子・DVD などをお送りするものではありません。
※上記無料プレゼントのご提供は予告なく終了となる場合がございます。あらかじめご了承ください。